Colección
Aula Abierta

MAGISTERIO
EDITORIAL

Rendón Merino, Álvaro.

El aprendizaje de la paz: método y ténicas para su construcción desde procesos pedagógicos / Álvaro Rendón Merino. – Bogotá: Cooperativa Editorial Magisterio 2000.

168 p.; 21 cm. – (Colección Aula Abierta) Incluye glosario. Incluye bibliografía.

1. Paz - Enseñanza - Metodologí a 2. No violencia 3. Paz - Colombia 4. Paz interior 5. Paz - Legislación 6. Educación para la paz I. Tít. II. Serie 303.66 cd 20 ed. AGW7868

CEP-Biblioteca Luis-Angel Arango

El aprendizaje de la Paz

Métodos y técnicas para su construcción
desde procesos pedagógicos

Álvaro Rendón Merino

Colección Aula Abierta

EL APRENDIZAJE DE LA PAZ
Métodos y técnicas para su construcción desde procesos pedagógicos

Autor
© *ÁLVARO RENDÓN MERINO*

Libro ISBN: 978-958-20-0546-7

Primera edición: 1999
Segunda edición: 2008
Tercera edición: 2011
Reimpresión: 2019

© *COOPERATIVA EDITORIAL MAGISTERIO*

Bogotá, D.C. Colombia
www.magisterio.com.co

Dirección General
ALFREDO AYARZA BASTIDAS

Contenido

Introducción

El interés fundamental de la nación y del mundo hoy, en el nuevo milenio se puede decir que es la conquista de la paz. No hay ninguna persona o grupo humano ni organización social religiosa o política que no desee y ambicione la paz interna y externa.

¿Pero qué ha aprendido el *Homo Sapiens* en sus más de cien mil años de existencia acerca de la convivencia?

¿Qué sabemos los Colombianos, un pequeño rincón del mundo enclavado en el Caribe, sobre el significado de la armonía social?

¿Tendría la humanidad como especie, la suficiente entereza de carácter para reconocer las grandes equivocaciones cometidas al emprender indiscriminadamente las escaladas sucesivas de violencia que han propiciado las grandes confrontaciones mundiales y cientos de miles de guerras regionales?

¿Podríamos los Colombianos como nación, reconocer nuestros errores a lo largo de nuestra violenta y cruel historia plagada de guerras civiles y emprender de manera civilizada y autónoma un camino de reconstrucción no violenta de nuestro tejido social y el desarrollo económico y social de la nación?

¿Cuales son los mínimos éticos y humanos sobre los cuales construir una nueva sociedad que abandone los estereotipos propios de las culturas bárbaras?

Es muy probable que la respuesta a la mayor parte de estos interrogantes en estos momentos sea de tipo negativo, quizás debido a que la humanidad como especie, y los Colombianos como nación, apenas comenzamos a transitar el camino de la globalización y nuestro sentido de identidad cultural, cósmico y humano es muy precario.

El presente trabajo contribuirá a aclarar algunos de estos interrogantes aunque con las limitaciones propias de una investigación empírica.

Saben los detentadores del poder en todas las latitudes cuáles son las causas y las consecuencias de la violencia y las guerras, puesto que de una u otra manera han sido cómplices de la destrucción y de la muerte en aras de defender intereses económicos o políticos, siendo testigos de los nuevos paisajes desoladores y lúgubres una vez terminan las confrontaciones.

Lo que poco se sabe aún, que la investigación para la paz apenas comienza a explorar y mostrar algunos resultados, son los mecanismos internos individuales alojados en la conciencia humana que desatan los procesos de agresión y violencia entre los ciudadanos, desembocando en las guerras y cómo controlarlos.

Aquellos que se estudian desde el campo mental-simbólico a través de ciencias como la sicología, la neurofisiología, neuro linguística o la psiquiatría, sin desconocer el inmenso aporte que la física cuántica, la biogenética y la electrónica le han hecho a la paz indirectamente, y otros más hasta este siglo reconocidos como campos reales del conocimiento ubicados en las ciencias de la espiritualidad, planteados por los filósofos, santos, poetas, artistas y místicos en todas las épocas.

Este trabajo pretende abordar desde el campo investigativo experimental y aplicado, estas respuestas, haciendo énfasis en técnicas y métodos para el aprendizaje de la paz, tan antiguos como la misma humanidad, pero quizás muy poco estudiados por la ciencia ortodoxa y menospreciados por el sistema lógico-lineal tradicional de enseñanza, para quien sólo ha sido válido como conocimiento científico lo que es medible, categorizable o discriminable.

La paz debe ser un aprendizaje permanente y nuestras comunidades debieran interesarse por este aprendizaje de tal manera que se constituya en parte importante de nuestras vidas, como aprender a caminar, respirar o comer.

El primer enfoque que se quiere destacar para el aprendizaje de la paz es mediante una pedagogía para la reconstrucción de los valores éticos y de los derechos humanos, de tal manera que se pueda cubrir la necesidad de potenciar el campo de acción de la paz y del movimiento pacifista activo con el movimiento de los derechos humanos a través del sistema educativo en todas sus variantes: formal, no formal e informal.

Ningún valor ético, ni derecho humano se aprende con métodos convencionales lógico-lineales. Tratar de enseñar los valores éticos y los derechos humanos a través del sistema educativo mediante estos métodos ha sido uno de los grandes errores de los encargados de trasmitir la herencia que nos dejaron las culturas Greco-Romana y Judeo-Cristiana porque con ello sólo han formado en la estructura mental y la conciencia de los individuos y en el imaginario de las sociedades, conceptos estáticos, e inertes despojados de su esencial naturaleza humana.

La educación tradicional formal, ha olvidado los principios elementales del conocimiento, al creer que solamente explorando los campos físico-sensorial, y mental-simbólico puede enseñar los valores, olvidando o menospreciando los campos espiritual y emocional.

El resultado final de este tipo de educación es la formación de autómatas, seres humanos mecánicos que no sienten, porque no han desarrollado el cerebro emocional, ni piensan con profundidad porque no han tenido en cuenta el mundo espiritual y lo que es más grave, tampoco piensan con autonomía, porque su área racional se encuentra limitada y fraccionada en mil pedazos, logrando la máxima realización del pensamiento científico en el desarrollo del conflicto y la dualidad.

En últimas lo que se ha hecho es formar "ciudadanos" obedientes al sistema, sin iniciativa para tomar decisiones, sin capacidad crítica para investigar nuevas realidades y sin creatividad para desenvolverse en situaciones difíciles.

Como consecuencia los "ciudadanos" nos hemos divorciado de la naturaleza, de "la madre" –como sostienen los indígenas–. Vivimos en desarmonía total con ella, nos hemos vuelto sus enemigos al desatar una guerra de exterminio sin límites que va desde la tala indiscriminada de los bosques y la matanza masiva de animales, hasta la contaminación de los ríos, del mar y de la atmósfera.

Los valores no se enseñan, se aprenden a través de la vivencia, y como tales no se pueden captar como teorías abstractas. Esto es algo que hemos aprendido a través de la propia experiencia axiológica.

Cuando vamos a evaluar un programa o un curso, casi nunca nos preguntamos cuál fue el nivel de aprehensión del conocimiento o cuál fue el grado de información que los estudiantes captaron durante el proceso. Este debiera ser el sentido real de una evaluación.

Sin embargo lo que hacemos por lo general es evaluar los aspectos externos del fenómeno, entonces calificamos la lección de uno a cinco o de uno a diez; olvidando lo esencial del proceso educativo que es: *¿para qué sirvió lo que enseñamos y cuál fue su grado de eficacia en términos de productividad humana?*

La educación mecánica y memorística a que fuimos sometidos durante los últimos cuatro siglos los Colombianos, tiempo en que fuimos colonizados, ha limitado la capacidad de pensar acerca de la conveniencia que tiene ver las interrelaciones y los nexos internos entre valores éticos y derechos humanos.

Por lo general los especialistas de las ciencias sociales rechazan las concepciones que provienen de los campos que ellos no dominan o que normalmente se cree son campos especulativos donde la ciencia no puede ser aplicada.

Por ello, es muy común escuchar teorías de algunos sociólogos, politólogos e historiadores sosteniendo que la paz sólo es una consecuencia de la aplicación de los derechos humanos de segunda generación, o el producto de la satisfacción de las necesidades básicas de la población, entendiendo estas necesidades insatisfechas como el derecho a la educación, a la vivienda digna, a la salud adecuada, al trabajo, entre otros.

De paso, se niega o se excluye la conveniencia de aplicar los valores éticos, generando una confrontación mecánica entre los derechos humanos y los valores éticos, o entre una concepción sociológica y una concepción psicológica de la paz.

La concepción holística que se propone en el desarrollo de este trabajo, busca aproximar los nexos internos existentes en los procesos estudiados por las ciencias síquicas y las nuevas ciencias espirituales, con los procesos externos desarrollados por las ciencias humanas a fin de esclarecer los pasos metodológicos requeridos para la construcción y el aprendizaje de la paz en los espacios donde actúan y se interrelacionan las personas en la vida cotidiana.

Los derechos humanos mirados desde la perspectiva del derecho natural positivo, resultan ser de gran importancia a la hora de abordar los procesos de paz, pues en medio de las dificultades lógicas de los conflictos, representan una garantía de respeto mínimo entre las personas y de estas con el medio ambiente. En consecuencia su estudio y aplicación podrían potenciar las posibilidades de construcción de una cultura de paz.

De otra parte, la historia y la antropología dan cuenta de culturas que han dominado ciertas técnicas y métodos no convencionales bastante eficaces en el cumplimiento de acciones justas que reivindican los derechos de los pueblos y comunidades, o que sencillamente les han posibilitado vivir armónicamente por períodos largos de la historia. Me refiero a la "yoga" practicada en la India, China y Persia; al "Zen" Budista en el Japón y Thailandia y otras técnicas similares, denominadas "chamánicas" "mágicas", de "éxtasis", practicadas actualmente por culturas indígenas de África o América y en otras épocas por las primeras civilizaciones Europeas.

La UNICEF por su parte posee una amplia experiencia en la aplicación del juego en la labor pedagógica, como un instrumento necesario a la hora de vivenciar instantes en campos no convencionales de las emociones y la espiritualidad tanto de los niños como de los adultos.

Realizar este tipo de transferencias tecnológicas para beneficio de las ciencias sociales y humanas, entre ellas de la pedagogía, puede ser un indicativo eficaz a la hora de desarmar las actitudes agresivas, la violencia intra-familiar y callejera, así como las guerras desatadas en nombre de una ideología o religión.

Entonces un segundo enfoque que se ofrece a los lectores es el de la necesidad de cambiar la metodología de enseñanza-aprendizaje tradicional, transformando los modelos pedagógicos con creatividad y eficacia y para ello se insiste en la aplicación sistemática de estas técnicas y métodos en nuestros cuerpos físico, mental y espiritual, a través de nuestra pedagogía. Lo cual representa una garantía eficaz para los cambios actitudinales y comportamentales tan necesarios en una sociedad que pareciera dirigir su mirada solamente hacia el pasado. Al respecto se han planteado experimentos pedagógicos con efectos demostrativos de alto nivel de eficacia, algunos de los cuales serán planteados más adelante.

De esta manera las acciones de paz y no violencia pueden ir ganándole espacios a los actos violentos, a la barbarie y a la guerra, desarmando de paso los corazones y las mentes de quienes aún desde su ignorancia y manera inconsciente insisten en perpetuar sobre nuestros territorios, métodos autoritarios y excluyentes, con el claro deterioro de la democracia y la multiculturalidad de nuestra nación.

En síntesis, el trabajo plantea en todo su recorrido y de forma directa, una crítica al sistema educativo tradicional el cual ha olvidado los principios esenciales de la pedagogía y de la teoría del conocimiento, convirtiendo la educación en una mercancía que se vende cara en el mercado laboral.

Primera parte

1

¿Qué es la paz?

*La paz es el producto de la satisfacción de las
necesidades básicas de la población, pero es a
la vez un estado armonioso del ser humano
con la naturaleza consigo mismo y con los
demás.*

Federación Colombiana de Educadores
–Fecode–

Hacia una redefinición conceptual

Con frecuencia se habla y se estudia la paz desde diferentes ópticas y perspectivas. En algunas ocasiones incluso en nombre de ella se ha hecho la guerra y otras veces se ha discutido arduamente por imponer una particular visión generando violencia verbal y física.

La paz tal y como es entendida hoy, tiene diferentes interpretaciones y es definida en concordancia con la concepción filosófica o ideo-política que la determina y discrimina. Todo depende del punto de vista o de la óptica desde donde se hable o desde donde se interprete.

En el plano cognoscitivo por lo general se presenta una contradicción producto de una confusión debido a dos enfoques fundamentales. El concepto de paz interna y el concepto de paz externa.

Superar esta confusión y ponernos de acuerdo sobre cual es la categoría de paz que deseamos o soñamos los colombianos, se convierte en un elemento crucial para el futuro del país.

El concepto de "paz interna", obedece a un concepto ético de valor humano individualizado, resaltado por todos los grandes pensadores y culturas, discriminándose como el necesario desarrollo del individuo hacia formas más avanzadas de la evolución de la conciencia tendientes al mejoramiento personal y al perfeccionamiento de la sociedad y de la especie humana.

El segundo concepto, denominado "paz externa" pertenece al desarrollo de los derechos humanos, a la satisfacción de las necesidades básicas de la población más necesitada y el ámbito y la responsabilidad de su aplicación, obedece a la autoridad de los gobiernos y de los estados.

> *El holipacifismo:*
> *la estrategia pedagógica integral*

Holipacifismo

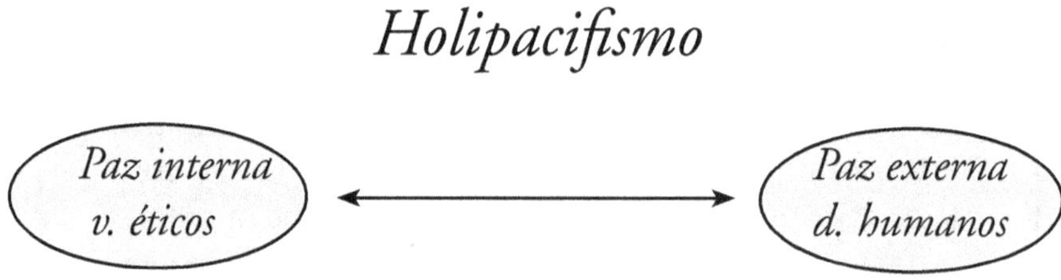

Ambos conceptos deben ser complementarios y no contradictorios como se han querido tratar hasta el momento por algunos investigadores. Porque en esencia obedecen al mismo origen y la misma necesidad de mejorar la existencia de la especie humana. Para ambos conceptos es válida la afirmación hecha de manera reiterativa acerca de que la educación debe cumplir un papel preponderante en el marco de la formación de la nueva "cultura de paz".

El reconocimiento de nuevos enfoques sobre la paz

A comienzos del nuevo milenio aunque se mantienen en muchas instituciones educativas los criterios religiosos sobre la ética y la espiritualidad, aún se confunde con la religión, la tendencia, para abordar la cátedra con un criterio científico avanza a pasos acelerados en muchas instituciones.

En la investigación para la paz, la ética se reconoce como un ejercicio científico y como tal es una ciencia de la filosofía con sus propias estructuras y tradiciones, el concepto de espiritualidad es el resultado de vivir una vida ética. O sea una vida más humana donde los ciudadanos y todas las formas vivas, sean importantes y se constituyan en el centro de atención de los gobernantes.

En los últimos años del siglo XX, se avanzó sustancialmente en el reconocimiento de los valores éticos y humanos como un ejercicio científico, como un método social humano que puede y debe aportar su grano de arena a la consecución y al mantenimiento de la convivencia.

Ha quedado atrás el pensamiento predominante hasta el final de la guerra fría que afirmaba: "Si quieres la paz prepárate para la guerra". El cual obedecía más a la predominancia de un pensamiento patriarcal dual en el sistema educativo que sobrevaloraba el espíritu guerrero y masculino del hombre.

Hoy, el pensamiento global plantea que: *si queremos la paz, debemos preparar las condiciones para esa paz,* obedeciendo también a un criterio de equilibrio y complementariedad entre el pensamiento masculino y el femenino, más bien realzando el concepto de paz para que pueda sobrevivir el ser humano y con él todas las formas vivientes sobre la tierra.

De esta importante definición han surgido nuevos enfoques sobre la paz positiva, uno de ellos y en el cual parece existir total acuerdo entre los investigadores, es el que plantea que:

> *La paz es algo más que la ausencia de guerra, y tiene que ver con la superación o reducción de todo tipo de violencias, y con nuestra capacidad y habilidad de transformar los conflictos, para que en vez de tener una expresión violenta y destructiva, las situaciones de conflicto puedan ser oportunidades creativas, de encuentro, comunicación, cambio, adaptación e intercambio. Este nuevo enfoque es el que persigue la "cultura de paz", si la entendemos como un proceso que habrá de transformar la "cultura de violencia" actualmente existente.*

Vicente Fisas. p. 349. 1998.

La investigación para la paz

La investigación para la paz, abarca disciplinas y escenarios tan variados como la propia realidad del conocimiento científico y los esfuerzos interdisciplinarios y transdisciplinarios que se exigen por encontrarle respuestas a los problemas que a diario surgen sobre la tierra, son de tal magnitud que cualquier habitante común se sentiría apabullado al reconocer tal cúmulo de conocimientos científico-técnicos.

Sin embargo se han asignado algunas prioridades en la investigación:

1. La violencia física directa: abarca el armamentismo, la resolución de conflictos y el desarme.

    Las disciplinas comprometidas en su desarrollo son: la sociología, la filosofía, la sicología, las ciencias políticas, los derechos humanos y el derecho internacional humanitario.

2.   Violencia estructural: erradicación de la pobreza. Democratización. Satisfacción de las necesidades básicas.

Las disciplinas que la estudian son: los derechos humanos, la economía, las relaciones internacionales, las ciencias políticas, la sociología, la no violencia, la paz.

3.   Violencia política represiva: dignidad. Autonomía. Autorrealización (satisfacción de necesidades básicas materiales y espirituales). Derechos civiles y políticos, culturales y sociales. Derecho a la paz, al desarrollo, derechos de solidaridad.

Las disciplinas comprometidas con ella son: los derechos humanos, la antropología, la sicología, la psiquiatría, las ciencias políticas, la paz, la sociología. La no violencia.

4.   Educación para la paz: conciencia humana, racionalidad, emocionalidad, comportamientos humanos, actitudes morales y éticas, espiritualidad, humanismo.

Las disciplinas que le incumben son: la pedagogía, la sicología, la psiquiatría, la neurofisiología, la biología, la física, la religión, la ética, la astronomía, la sociología, el yoga y otras ciencias del espíritu.

Los diferentes estudios sobre la paz conocidos por la bibliografía del mundo occidental sin embargo coinciden en mostrar dos tendencias filosóficas más fuertemente marcadas: la paz positiva y la paz negativa, ambas tendencias desde el enfoque político, se han movido tratando de resolver los dos tipos de violencia más comúnmente denominadas: violencia directa y violencia estructural.

1.   La violencia directa –se dice–"Es aquella ejercida por los actores, partes del conflicto, o por la delincuencia común o producto de riñas callejeras o violencia intra familiar, que asesinan o hieren a su rival, utilizando algún instrumento de agresión." (Armas de fuego, corto punzantes y otras).

2.   La violencia estructural: Es la que se genera cuando no son satisfechas las necesidades básicas de la población por parte de un estado o gobierno. O cuando se violan los derechos huma-

nos de manera sistemática generándose un clima de violencia generalizada.

Algunas referencias históricas nos muestran como la investigación sistémica de la paz tuvo sus primeros comienzos en los países nórdicos (Holanda, Suecia, Bélgica, Dinamarca, Noruega) poco después de la primera guerra mundial, sin embargo en otros países como Estados Unidos, Japón, Alemania, Rusia, España, Polonia, Canadá y la India aunque por vías diferentes, también se conocen estudios muy interesantes y profundos que han contribuido sustancialmente a la claridad teórica y a dar luces sobre los métodos y las técnicas más propicias para la construcción de la convivencia.

Inicialmente, éstos se centraban en la causas de la guerra, la dinámica del armamentismo y las negociaciones para el desarme. Sin embargo la investigación no se detuvo allí, pronto comenzó a preocuparse además de la violencia física, por la violencia social y económica y más tarde por la violencia familiar, sicológica y ecológica.

La investigación pedagógica tuvo de manera paralela ciertos desarrollos: en 1927, después de la primera guerra mundial con la creación de la "escuela nueva", propiciada por la "Conferencia internacional por la paz en la escuela" realizada por los maestros en Praga, propuso un nuevo enfoque basado en el ser humano y una revisión metodológica sobre el sistema tradicional.

Posteriormente los pedagogos, María Montessori, Ferriere, Jhon Dewey y Pedro Roselló, con sus tesis sobre la "auto educación", "la pedagogía experimental", "la escuela para la vida y la libertad", y "la escuela activa", abogaron por una concepción positiva de la educación para la paz en la escuela, resumiendo su pensamiento en la siguiente frase: "No basta con describir los horrores de la guerra y la violencia, se precisa actuar estimulando un espíritu de colaboración y comprensión"

El estallido de la segunda guerra mundial dio al traste con este primer nacimiento de la educación para la paz, toda la teoría se vino al suelo, porque el sistema educativo no alcanzó a dar sus frutos cuando ya los gobiernos y los ejércitos se encaminaban a combatir nuevamente.

En la reunión de Turín (1982) de la Federación internacional de movimientos de escuela moderna, se constituyó una comisión sobre educación para la paz que profundizaría en el proceso investigativo.

Otros educadores como Arthur Neill, el fundador de la escuela Sumerhill, (1973) "por la felicidad de los niños en un ambiente de libertad" y el trabajo de Paulo Freire (1964) con sus conceptos acerca de "la pedagogía liberadora" a través de la concientización y la práctica de la libertad, fueron también pioneros de esta disciplina científica.

La investigación para la paz, que recoge la tradición pedagógica de las escuelas "nuevas" y "modernas" con todas sus variantes psicológicas, filosóficas y genéticas se desarrolló en el contexto de la "guerra fría", persiguiendo la reducción de la violencia tanto directa como estructural, adoptando una actitud crítica ante la realidades, contribuyendo a los debates y medidas de orden político, y empleando elementos de todas las ciencias humanas y naturales.

En el nuevo milenio, se nutre tanto del pensamiento oriental como occidental, entrelaza los conocimientos de manera complementaria, dinámica y flexible sin contraponer una concepción a otra, pues considera que todos son aportes sustanciales al esclarecimiento teórico del fenómeno y una aproximación a su aplicación en la vida cotidiana, tan necesitada de la paz para la vida como del oxígeno para respirar.

La investigación para la paz en el campo pedagógico se ha centrado en la formación y el cambio de actitudes, mediante estudios de filósofos (Krishnamurti-Habermans-Suzuki), psicólogos (Wilbert-Orstein-Maslow) y físicos (Kapra-Oppenehimer-Heisenberg). Han sido de mucha utilidad, en el mismo sentido, los trabajos de Johan Saltung, Jhon Paul Lederach y Betty Reardan.

Algunos de ellos, miran al oriente con la esperanza de encontrar respuestas a los múltiples interrogantes que surgen cuando la ciencia con sus fórmulas matemáticas y sus esquemas rígidos conceptuales no puede explicar la complejidad por ejemplo de los mundos paralelos que habitan más allá de nuestra conciencia; entonces se viene especializando una nueva rama de la investigación y la educación para la paz denominada: la paz interior.

La paz, así como su contrario, la guerra, son creadas por la capacidad de imaginar y crear de la fantasía humana. Una es el resultado de la otra y el comienzo de un nuevo ciclo que se repite cuando de nuevo aparece el conflicto y este no puede ser transformado en un plano superior.

La existencia de la paz, así como de la guerra, dependen en última instancia de la actitud de los líderes, de su visión sobre el mundo y la vida. Si éstos tienen la capacidad de controlar sus instintos y emociones de ira y odio, entonces serán luchas pacíficas y no violentas, pero si al contrario, éstos permiten desatar sus pasiones, por el influjo de los acontecimientos o los intereses de los conglomerados económicos, entonces la ira, la violencia y las guerras encenderán aún más la propia realidad de por sí candente.

Los orientales nos han enseñado desde tiempos remotos algunos métodos y técnicas muy sencillas y otras más complejas para controlar el cuerpo, la mente y el espíritu y para tranquilizar los sistemas endógenos del cuerpo humano, de tal manera que podamos armonizarnos con la naturaleza y de esta manera entender el mundo desde otra perspectiva más humana. La paciencia, la humildad, el equilibrio y la verdad son algunos de los valores que se deducen de tales actitudes.

Especialistas y estudiosos de las más variadas disciplinas, entre los que se encuentran los de la Unesco, coinciden en afirmar que la labor educativa en función de la paz, debe comenzar por la formación de los estudiantes desde las escuelas básicas en valores éticos y humanos, a partir de la recreación o reconstrucción de ellos, hasta la construcción de la paz externa la cual sólo será posible mediante el desarrollo de una política certera de inversión social, que haga posible la justicia social y el respeto a los derechos humanos fundamentales de toda la población.

En un encuentro sobre la paz en la mente de los hombres realizado por la Unesco en Sevilla (España-1986) con especialistas de todas las disciplinas científicas, se afirma que:

> *La biología no condena a la humanidad a la guerra. La humanidad puede liberarse de la esclavitud del pesimismo biológico*

y con confianza puede efectuar tareas necesarias de trans-
formación hacia el futuro. No obstante que estas tareas son
principalmente institucionales y colectivas, también descansan
sobre la conciencia individual de todos aquellos para los que el
optimismo y el pesimismo constituyen factores cruciales.

Unesco 1988.

Estos esfuerzos deben ser individuales y colectivos, gubernamentales y no gubernamentales, desde todas las instituciones educativas
formales y no formales por conformar una pedagogía para la tolerancia, la convivencia y la solución de los conflictos de manera no
violenta.

Ello implica desarrollar la paz como una política de estado, es decir
una estrategia obligatoria que involucre todos los Ministerios y a
toda la sociedad en su conjunto, que pueda conducir al país al pleno
desarrollo industrial y económico, tal y como lo manda la Constitución Nacional y no una política al vaivén del partido político que
esté en el poder cada cuatro años.

Las principales vertientes de la paz

Por su parte, los investigadores para la paz han logrado sistematizar
hasta el momento cuatro grandes vertientes de pensamiento las cuales aglutinan las diferentes concepciones creadas por el pensamiento
humano a través de la historia. Ellas se pueden caracterizar de manera
esquemática de la siguiente manera:

1.   Sico-pacifismo.
2.   Socio-pacifismo
3.   Eco-pacifismo.
4.   Holi-pacifismo.

Veamos en detalle cada una de ellas:

1.   El sico-pacifismo:

Considera a la paz como un proceso que resalta los valores subjetivos:
éticos, sicológicos y espirituales. Desde esta perspectiva, la primera

ola de la investigación y educación para la paz, coetánea de la escuela activa, que nace después de la primera guerra mundial, se propone como objetivos pacifistas la contemplación, los valores éticos, desarrollar la moral del hacer bien sin mirar a quien, la confianza en la especie humana y en sí mismo.

Esta interpretación, piensa que el hombre es bueno por naturaleza y que, ser pacífico consiste en ser bueno uno mismo, siendo solidario con los demás. Se ataca la guerra y se define la paz como el equilibrio interno y el desarrollo de las potencialidades humanas.

En el sentido original se identifica con las concepciones espirituales que rescatan la tradición humanista planteada por todos los filósofos de occidente así como de los maestros espirituales y santos del Oriente, los cuales parten del descubrimiento de "la paz interna", o del conocimiento de sí mismos, como primer requisito para poder transformar la realidad externa. Su formación como corriente de pensamiento se corresponde con el descubrimiento de la primera generación de derechos humanos.

2.   El *socio-pacifismo:*

Viene a ser en términos teóricos, el polo contrario de la primera vertiente. Se pasa del individualismo y la recuperación de la autonomía individual para conquistar la paz, al estructuralismo social y al colectivismo.

La paz ya no es principalmente el fruto del desarrollo de la conciencia del individuo, sino sobre todo de la revolución o el cambio de estructuras sociopolíticas por la vía violenta y a través de la lucha de clases. Desarrolla este concepto como producto de la justicia social.

Si el primer enfoque cayó en el solipsismo filosófico, el segundo tenía el peligro de hundirse en una abstracción humanitaria que, en su vaga acepción de la especie humana, olvidaba al individuo y su naturaleza espiritual.

Los objetivos que persigue esta concepción son: la convivencia humana, la igualdad de clases, la igualdad de oportunidades para enfrentar el desarrollo, el bienestar económico, las libertades, el acceso a la cultura, la defensa de los derechos humanos, etc. Su formación obedece al desarrollo de la filosofía marxista y al descubrimiento de la segunda generación de derechos humanos.

3.   El *eco-pacifismo:*

Responde a la crisis de la naturaleza, del petróleo y los recursos energéticos. Es una concepción de la paz reciente, que nace con la tercera generación de derechos humanos al arrancar la década del setenta. Se fija ante todo en la dimensión espacial o ecologista del mundo. Se trata de un proceso de reconstrucción del equilibrio ambiental que a veces se confunde con la educación del medio ambiente.

Los objetivos de esta tercera concepción se concentran en la aproximación a una armonía con la naturaleza, lo cual exige conocerla, defenderla de las agresiones de la industria y del consumismo voraz que desarrolla el capitalismo salvaje, así como potenciar el desarrollo de los ecosistemas.

Desde esta visión el ser humano reconoce sus obligaciones ante el "padre cosmos" y adquiere conciencia de que la fuentes de riqueza son perecederas. Sabe que si las personas desean seguir viviendo necesitan de la capa de ozono, de la limpieza de las aguas y de la atmósfera. El ecopacifismo como corriente de pensamiento va a la par con la ampliación del conocimiento científico–tecnológico y de los descubrimientos espaciales.

4.   El *holi-pacifismo:*

Esta corriente nace sobre la década de los noventa y como reflejo inmediato de la globalización del pensamiento. Es una respuesta al reduccionismo que cada corriente pacifista ha desarrollado, cuando una opone a la otra sus bondades. El nivel de desarrollo de la ciencia, nos permite ver la impotencia que tiene cada enfoque de interpretar la paz por separado.

Los diferentes análisis hechos desde una perspectiva particular de una ciencia son incompletos porque sólo muestran una verdad parcial.

Hoy las necesidades del mundo y de la evolución del pensamiento exigen de la ciencia su interdisciplinariedad, lo cual significa la complementariedad del pensamiento, la colaboración y la solidaridad, y el desarrollo de un pensamiento holístico.

La pedagogía más que ninguna ciencia debe recoger los frutos de la interdisciplinariedad, puesto que la ciencia de la educación supone la confluencia de todas las ciencias.

El holipacifismo es la síntesis de todas las teorías sobre la paz vistas desde los diferentes ángulos:

A. Desde las ciencias empíricas (física, biología, química, neurofisiología).
B. Desde las ciencias analíticas (antropología, sicología, politología, historia, sociología).
C. Desde las ciencias fenomenológicas-espirituales (Yoga, Zen, Vedanta).

Reconoce el aporte que cada ciencia hace a la disciplina de la paz, no las confronta ni conflictúa con ninguna de ellas. Más bien genera sinergia y construye una nueva realidad basada en la satisfacción de las necesidades tanto materiales como espirituales de la población. En últimas, acepta que la paz es un deber-valor ético en el plano individual y un derecho humano fundamental en el plano de la sociedad y las colectividades.

Al igual que las diferentes formas de enfocar el tema de la paz, también desde el sistema educativo y en general desde cualquier esfera social o política podemos encontrar las diferentes tendencias y subtendencias que interpretan una forma particular de construir la paz.

No ha sido fácil, ni será fácil ponernos de acuerdo sobre una teoría de la paz en particular así cada una de ellas tenga su parte de razón. Ello se debe quizás a que no hemos puesto en práctica aún, un método del aprendizaje de la paz ni una metodología para su construcción y permanencia en la sociedad.

La debilidad mencionada, permite ubicar una de las características del carácter de nuestra cultura formado después de un largo trayecto histórico cruzado por períodos de violencia y guerras fratricidas que se expresa en términos sicológicos y socio-políticos en: la inestabilidad emocional y la ausencia de proyectos y planificación a largo plazo.

Una visión de la paz desde Colombia

Fue hasta la expedición de la Constitución de 1991 cuando por primera vez en Colombia se empezó a legislar para la paz y la defensa de los derechos humanos. En efecto, en el artículo (22) de la constitución se dice que: "La Paz será un derecho y un deber de obligatorio cumplimiento constitucional."

Antecedentes jurídicos sólo constan en los anales de la Organización de Naciones Unidas –ONU– (Declaración Universal de los derechos humanos (1948), en la Declaración Americana de los Derechos y Deberes del Hombre (1948), en la Convención Americana sobre Derechos Humanos (1969) y en la Declaración Sobre el Derecho de los Pueblos a la Paz, (1984).

La consecución de la paz, se torna en prioridad de los Colombianos. Sin paz no hay empleo ni hay desarrollo económico ya que todos los recursos para la inversión social se destinan a la economía de guerra. Sin paz, tampoco hay democracia, dado que el espíritu militarista y guerrerista que hay dentro de cada uno, por naturaleza autoritario y excluyente, no permite la apertura de espacios de participación. Sin paz, tampoco hay libertad ni justicia social, puesto que se limitan las libertades y la segregación política se acrecienta. La guerra sólo genera hambruna, recesión económica, epidemias, desplazados, desempleados, muerte y desolación por donde pasa.

La situación de guerra se podría comparar al del terremoto acaecido en el eje cafetero y que destruyó por completo a Armenia. Sucede de repente, nadie es avisado, no hay control sobre el fenómeno, pero cuando sucede, arrasa con todo a su camino y no pide permiso a nadie en particular para destruir su vivienda o para sepultarlo bajo tierra. Para reconstruir las ruinas se pueden requerir veinte o treinta años.

Este, es el saldo final: atraso económico, social, político y cultural, desolación, sufrimiento y muerte.

Hoy, ningún ciudadano que trabaje por medios honestos, quiere la guerra ni es partícipe consciente de la violencia directa. Este tipo de violencia, digamos que es estimulado desde los intereses económicos y políticos de las mafias organizadas en función del narcotráfico, las que venden, compran y generan el tráfico de armas a nivel internacional, la delincuencia común, las organizaciones guerrilleras, las Autodefensas Unidas de Colombia denominadas "paramilitares", y el propio Estado a través de los organismos de seguridad, el ejército y la policía.

Sinembargo, el agotamiento de los métodos violentos para zanjar las diferencias de cualquier tipo es una realidad y la población no armada, parece decidida a explorar nuevos caminos perfilando siempre alternativas no violentas.

Tal parece, que esta situación se dio en Nicaragua luego del sufrimiento de un proceso destructivo casi total de su tejido social y su infraestructura material, cuando las partes involucradas en el conflicto cayeron en la cuenta de la inutilidad de la violencia para zanjar sus diferencias político-ideológicas. La comunidad internacional y la UNESCO patrocinaron en la pasada década, un programa de educación para la formación de promotores de paz:

El éxito de la experiencia está en el hecho de entender que la construcción de la paz implica, ante todo un compromiso de transformación personal de quienes creen en ella. El viejo aforismo "nadie transforma una sociedad, si no se transforma a sí mismo", es el punto de partida de todo el proceso de construcción y acción de la red de promotores de paz y desarrollo.

> *Los promotores de paz, cuyo núcleo básico son desmovilizados de guerra de ambos bandos que antes se enfrentaban a muerte, desarrollan cursos ágiles de ética, meditación, transformación personal y transformación de conflictos.*

Eduardo Chávez 1997

Ésta será una tarea ardua. Larga y difícil que requerirá millonarios esfuerzos económicos y humanos, pues se sabe por experiencia en otras regiones cómo la lucha armada arraigada en un pueblo durante generaciones no culmina con el simple cese al fuego ni con una negociación de la guerra. Sino que ésta va mucho más allá de la formalidad y se inserta en las necesidades más elementales de la población lo que hace posible la continuidad de la violencia convertida en delincuencia común en los barrios populares y marginales donde actúa aún la ignorancia y la pobreza en sus formas más crudas.

Para el caso Colombiano, resulta más fácil para la población civil no involucrada en el conflicto hacer este planteamiento educativo, como también resultará más congruente desde el plano ético continuar forjando las fuerzas de la paz, que lenta y sistemáticamente irán minando la voluntad de los combatientes quienes presionados por aquellos, terminarán a mediano plazo por agotarse y llegar a unos acuerdos de tregua y desarme a cambio de la mitad o parte del poder político.

Cada día, más personas en Colombia, entienden las verdades milenarias y las ponen en práctica. Silenciosamente se desarrolla una crítica sutil a los actores que exaltan la guerra y la violencia aunque no se manifieste públicamente. Allí está la protesta en cada individuo que no comparte estos métodos violentos para hacer las transformaciones, porque los considera inhumanos y degradantes, porque hacen parte de la conciencia primitiva irracional ya superada por el desarrollo cultural ético cristiano de la mayoría de los Colombianos.

Los métodos violentos puedan definirse como actitudes dirigidas por pasiones y emociones no controladas por la razón que signifiquen el uso de la fuerza y la aplicación de instrumentos que hieran o maten a cualquier ser vivo.

La guerrilla por su parte justifica los métodos violentos en el ejercicio de la teoría marxista sobre la lucha de clases y el derrocamiento violento de una clase sobre la otra para la toma del poder. Mediante esta práctica han condenado a la población a circular por el ciclo eterno de la violencia que genera más violencia y del odio que genera más odio.

"En este país se requiere exigir los derechos por la fuerza, porque a las buenas nadie escucha" –sostienen– y esos argumentos se justifican históricamente. Así, esta actitud contribuya a adquirir poder político e ideológico y dominio territorial bajo el chantaje del poder de los fusiles, como sucede en todas las zonas de dominio territorial de la guerrilla, así como también en las del ejército gubernamental o de los paramilitares, donde el poder es controlado mediante la implementación del terror, el miedo y la desconfianza entre los ciudadanos.

Para la lógica de la guerra, estos argumentos son completamente válidos. Allí opera otra ética, otra estructura mental, o mejor operan otros criterios mucho más pragmáticos que se involucran con el campo del dominio militar, de la ciencia de las armas, aunque sin hacer caso omiso del romanticismo revolucionario que los originaron en el caso de los insurgentes y de la filosofía de apoyo al régimen en el caso de los paramilitares y el ejército.

Si la insurgencia, el ejército y los paramilitares, han sido por igual transgresores de los derechos humanos y del derecho internacional humanitario, produciendo hechos tales como: La destrucción de escuelas, la intimidación de la población civil, el uso de minas "antipersonales" que lesionan de por vida a cientos de campesinos, el atropello contra la dignidad de las personas, el saqueo a los bienes de la población civil, el asesinato indiscriminado de indígenas, campesinos, sindicalistas, periodistas, sacerdotes y empresarios, el secuestro, la desaparición forzada y el boleteo.

Aceptando la necesidad de haber llegado a estos extremos tan crueles y despiadados de confrontación ideológica y militar, justificando estos actos con la "guerra irregular" entonces la autoridad para hablar de derechos civiles y políticos y de valores éticos es bastante limitada y se reduce a la definición política que ambos bandos defienden.

En los últimos quince años del siglo XX, la sociedad civil observó impotente cómo fueron asesinados violentamente más de seis mil líderes populares. Entre ellos más de tres mil líderes sindicales pertenecientes a la Central Unitaria de Trabajadores CUT. De igual forma toda una organización política, la Unión Patriótica, surgida precisamente de la primera amnistía decretada por el presidente Belisario Betancourt en 1984, luego de un primer proceso de negociación con la guerrilla de las Fuerzas Armadas Revolucionarias de Colombia FARC, fue liquidada a través del exterminio selectivo y premeditado de sus militantes en medio de la mayor impunidad. Se calcula que anualmente mueren en Colombia aproximadamente 30 mil personas por motivos de la guerra fratricida.

> *En los últimos cinco años 1995-2000, el conflicto provocó más de 120.000 muertes violentas, 8000 secuestros, 1280 víctimas de desapariciones y 708 masacres.*

Vicente Fisas. p. 87. 2000

Se podría preguntar también: ¿Con qué autoridad, pueden intervenir las autoridades gubernamentales en el proceso de paz, si de igual forma, como parte de la clase política han sido responsables de la violencia directa y estructural del país y del desangre del presupuesto nacional con prácticas de corrupción y clientelismo?

De otra parte, ¿cuántos ex-funcionarios públicos, representantes en su momento del estado se encuentran actualmente en la cárcel acusados de corrupción, de trafico de estupefacientes, o de asesinato? ¿Cuántos faltan aún por ser aprehendidos? La cifra según la Procuraduría General de la Nación durante 1998 ya superaba los ocho mil funcionarios.

Por ello, la etapa de la negociación, la cual por fortuna ha comenzado ya, tiene una doble dificultad de comprensión y credibilidad que la hacen confusa para el ciudadano común, mirada desde la política y desde la ética.

1.   Desde la política. La ilegitimidad política obedece a que el juego de la guerra, violenta todas las normas y tratados nacionales e internacionales sobre derechos humanos. Los guerreros enfrentados no respetan la juridicidad de una sociedad constituida bajo el amparo soberano y constitucional de un pueblo.

    Su accionar eminentemente clandestino posee otras normas y por ende su comportamiento obedece a otros criterios, a otras lógicas y a otros valores. Por ello se habla de humanizar la guerra y se hacen los esfuerzos pertinentes para la aplicación de los protocolos I y II de Ginebra, sobre derecho internacional humanitario.

2.   Desde la ética. En consecuencia con el accionar político, el comportamiento poco ético del guerrero, manifiesto en la actitud despiadada que asesina explicitada con un rostro, mientras con el otro lado muestra el ideal bondadoso de la paz. Está violando las normas elementales de convivencia humana y lo hace inmerecedor de la mayoritaria voluntad popular y ciudadana quien aún cree en los mecanismos de justicia no violentos establecidos democráticamente por ella en su constitución nacional.

Nuevamente la dualidad en la política surge como un elemento disociador de los acuerdos de paz, ya no entre el gobierno y la guerrilla si no entre la voluntad soberana del pueblo y los actores armados.

Ambos aspectos, el político y el ético, se interrelacionan en una dinámica infernal, casi bárbara, que se precisa dilucidar de manera transparente ante la sociedad civil. Y aquí nuevamente se entrecruzan y entrelazan los derechos humanos y los valores éticos, los cuales hay que tener en cuenta como mecanismos expeditos y eficaces en todo el proceso de construcción de la paz.

Como los actores del conflicto y de la violencia, incluyendo el Estado, se encuentran impedidos política y éticamente para construir la paz, entonces la sociedad civil como actor validado para intervenir en la negociación requiere acudir a otra argumentación diferente a la política, la cual se encuentra en el plano espiritual de la tradición cristiana así como de otras religiones y obedece a las instancias de la ética: el mecanismo del perdón y olvido, el cual se sintetiza en el pensamiento bíblico de: "No hagas a otros lo que no quisieras que te hicieran a ti".

El mecanismo del perdón olvido, consiste en perdonar al enemigo todo lo que hizo en contra nuestra, entonces el enemigo tendrá que perdonarnos también. Aquí opera una ley natural. Todo lo que yo haga, bueno o malo, se me retorna en la misma medida. Si soy generoso, la vida me retorna lo que he dado. Si soy egoísta y poco doy de mí mismo, de la misma forma seré tratado por la vida y mis semejantes.

Esta ley natural, también se conoció durante el imperio Romano y en la antigüedad, como la ley del talión: "El que a hierro mata a hierro muere". "Y ojo por ojo diente por diente", lo cual tiene un significado muy profundo y válido para la confrontación que actualmente presenciamos.

Perdonar, significa limpiar de nuestras mentes y nuestras conciencias todos los viejos paradigmas que pudieron haber tenido alguna validez en cierto momento, pero que hoy día no lo tienen. Esto significa un esfuerzo y un trabajo adicional que cada uno de los combatientes debe hacer, comenzando por los propios líderes políticos, comandantes y generales. Entonces toda la guerra habrá terminado, los rencores y los odios irracionales habrán pasado como algo que fue y que ya no existe.

Esta nueva actitud, que puede significar un cambio de calidad en el debate político e ideológico, pertenece a la esfera de lo emocional y de lo espiritual, y es producto del aprendizaje de la paz mirada desde los valores éticos y humanos.

No es una actitud que se aprende en los libros, ni en la academia, o como reflejo del discurso político, es finalmente el producto sutil de la experiencia histórica de la humanidad en la lucha por conquistar la paz, cuyos orígenes más remotos se encuentran en el pensamiento religioso y filosófico de los grandes maestros espirituales que hoy guían el inconsciente colectivo de las sociedades modernas, como Moisés, Jesucristo, Buda, Khrisna, Lao Tzé, Mahoma, Sócrates y Platón entre otros, a los cuales se les puede considerar creadores de culturas y civilizaciones y que nunca pisaron una universidad, ni enfocaron la vida desde el conocimiento erudito o académico, sino desde la experiencia y la sabiduría natural.

Las escrituras sagradas como la Biblia, el Talmud, el Avesta, el Bhagavad Gita, el Tao Te Ching y el Korán entre otras, dan cuenta de estas enseñanzas.

Para entender el perdón y el olvido, se requiere una fuerte dosis de generosidad entendiendo que el pasado debe quedar sepultado en la memoria histórica y el presente es la única realidad que necesitamos viabilizar de manera positiva, con una alta comprensión del sentido de la vida y de la autoestima de todos, trasladándola al plano político, social y económico del país, pero también al plano cósmico y global.

Por ello, es claro que una negociación sensata donde todos participemos y todos ganemos, (población civil, gobierno y ejércitos armados) se impone como única salida a la irracionalidad de la violencia.

Y esta negociación debe estar antecedida por la figura ética del perdón y el olvido y por la promesa verificable de que el Estado por fin hará justicia social, mediante la aplicación de los derechos humanos, económicos, sociales y culturales entre toda la población necesitada.

Tal parece que esta nueva realidad es la que se quiere imponer, pese a la intromisión y el cruce de intereses variados en la mesa de negociación. El coronar una negociación ampliamente beneficiosa para todas las partes antes de concluir la guerra, y no después de que ésta termine, podría significar un ahorro en múltiples perspectivas, entre las cuales se pueden mencionar: las vidas y recursos humanos que se pueden salvar del holocausto, el tiempo, los recursos financieros destinados a la reconstrucción del país; además del ahorro en la infraestructura económica y financiera que podrían hacer los combatientes al estado y al desarrollo económico del país.

Todos los pueblos civilizados del mundo han llegado a esta conclusión, poco después de haberse destrozado inútilmente en el fragor del combate y la barbarie irracional de la guerra y de haber destruido la infraestructura del país. Cada pueblo encontró su propio camino, su propio método y desarrolló su propia cultura de la paz.

Pero a todos ellos, los ha unido el deseo de la reconstrucción pacífica de sus vidas, sus bienes, sus sueños y sus sociedades. (Verse experiencias de el Japón, Rusia y Alemania después de la segunda guerra mundial. De Angola, Etiopía, Afganistán entre 1980-1990. De Nicaragua, El Salvador, Guatemala y Bosnia en la última década del síglo XX.)

En el caso colombiano, gran parte de la población se manifiesta diariamente en contra de la violencia y de la guerra. Esta voluntad colectiva fue expresada en las urnas en Octubre de 1997 a través del mandato ciudadano por la paz, y la Red de Iniciativas para la paz

–REDEPAZ–, donde más de diez millones de Colombianos, condenaron los métodos violentos con los cuales se pretenden hacer los cambios sociales y políticos, estableciéndose unas reglas, claras que obligaban a los actores armados a parar la matanza y a respetar a la población civil, haciendo uso del instrumento del derecho internacional humanitario.

Muchas instituciones y personas vienen trabajando desde la sociedad civil seria y constantemente por la consolidación de nuevas relaciones ciudadanas más tolerantes y de una convivencia más civilizada que permita a través de un proceso educativo y formativo de valores, zanjar las diferencias por medio del dialogo, la conciliación o la concertación y no por medio de la agresión violenta.

Miles de proyectos ciudadanos alternativos que reivindican los derechos humanos y los valores éticos son agenciados desde las ONGs, cada cual desde su propia perspectiva, hace lo que puede y debe, en medio de condiciones muy adversas para los luchadores por la paz.

Lo ideal sería coordinar todos los esfuerzos, programas y proyectos que trabajan en función de la construcción de la "cultura de paz y convivencia" desde la sociedad civil, hasta concretar un amplio frente cultural contra la guerra y todas las formas de opresión y de violencia, acción que ya comienza a fructificar desde varios proyectos ciudadanos suprapartidistas y pluralistas, cuyo norte exclusivo es la construcción de una nueva "cultura de paz y convivencia", entre otros se pueden mencionar, la "Asamblea de la Sociedad Civil por la Paz", "el Mandato ciudadano por la Paz", el "Programa de paz", la "Red Nacional de Iniciativas por la Paz", "Colombia Va", y el "Festival Internacional de Poesía en Medellín".

El Programa "por la paz", de la Compañía de Jesús, una de las más importantes organizaciones que construyen diariamente una "cultura de paz" en el país, reportó durante 1999 el acompañamiento a más de 70 proyectos en las más disímiles regiones del país, la mayoría de ellos de formación de líderes y multiplicadores para la paz se realiza exitosamente con efectos demostrativos claros.

Este tipo de iniciativas, así como las miles que surgen a diario muchas veces de forma espontánea y sin ninguna tipo de financiación, merecen ser objeto de estudio y observación por parte de los investigadores para la paz porque de su estímulo y aliento depende en buena medida el futuro de los Colombianos.

La no violencia activa

La no violencia no es una virtud monacal destinada a procurar la paz interior y a garantizar la salvación individual, sino una regla de conducta necesaria para vivir en sociedad, ya que asegura el respeto a la dignidad humana y permite que progrese la causa de la paz, según los anhelos más fervientes de la humanidad.

Mahatma Gandhi.

Del origen y sus manifestaciones

La no violencia como método para solucionar conflictos es tan antigua como la humanidad. La historia, la antropología y hasta la paleontología nos ilustran que han existido culturas violentas (Turcos, Mongoles, Macedonios, Romanos) y culturas no violentas (Egipcios, Indios, Mayas). Ellas han coexistido e interrelacionado en el tiempo, o sencillamente unas han absorbido a las otras mediante sus métodos violentos. Otras casos únicos, como la cultura Aria, que fue bárbara (Vikingos) en un principio cuando necesitaban invadir territorios de Europa y Asia, para saciar su sed de subsistencia;

sinembargo con el paso del tiempo se fue transformando en una cultura no violenta. Las sociedades Nórdicas, que hoy desarrollan un socialismo democrático en Europa, son descendientes precisamente de ella.

Muchas de las culturas no violentas aún subsisten, conservando sus cosmogonías, costumbres y tradiciones religiosas, donde el elemento primordial es su relación armónica con el entorno, traduciéndose en la relación sincrética de las comunidades con la naturaleza y con los seres humanos, despojadas de deseos avasalladores y devastadores.

Por lo general, estas culturas son clasificadas por el pensamiento racionalista, como primitivas por el hecho de no haber ingresado a la era del post-industrialismo empleando los mecanismos del consumismo y la degradación de la naturaleza, así como por la forma de enfrentar y de vivir en el mundo, tal como lo hacían hace más diez mil años varias de ellas en todos los continentes.

En el sistema de pensamiento pacifista, hay constantes que se hace necesario resaltar y recuperar como prototipos recurrentes para la formación de una "cultura de la convivencia."

Me refiero a las coincidencias cosmogónicas existentes entre culturas no violentas, por ejemplo, como las de la India y Thailandia en el Asia meridional, donde se practican hace milenios unas determinadas técnicas yogas para abordar el campo espiritual, algunas de ellas conocidas como "meditación" o "relajación; y las prácticas de "meditación" "chamánicas", "mágicas" y "armónicas" que practicaron los Mayas en Centroamérica, los Incas en Sur América o que vivencian actualmente los indígenas en Colombia, entre otros, los Mamos Koguis y Arhuacos de la Sierra Nevada de Santa Marta.

> *Hay muchos pueblos de esos llamados primitivos que dedican gran parte de su tiempo al intercambio lúdico o al cuidado corporal, incluso más del que ocupan en labores productivas. Entre ellos cumplen importante papel sistemas cognitivos volcados a la percepción de las singularidades afectivas, a partir de los cuales ordenan sus comportamientos sociales y políticos. Prueba de esto lo dan los conocimientos chamánicos, donde el diagnóstico y la intervención médica parten de las*

*percepciones que el brujo detecta en su propio cuerpo, captan-
do así disturbios en el campo de las relaciones interpersonales
que articula de manera inmediata a la dinámica del cuerpo y
la naturaleza, accediendo a cogniciones afectivas que le permiten entrar en interacción con las cadenas vitales y las redes
de interdependencia.*

Luis Carlos Restrepo. p. 46. 1994

Para todas las culturas existe en común, una manera de interpretar
y de vivir en el mundo, un origen del universo procedente de un
"Dios" y un tránsito después de la muerte hacia una nueva forma de
vida. También es común un comportamiento y una actitud ética ante
la vida, ante el mundo y la naturaleza. No es sino leer los diferentes
mitos sobre la creación, para encontrar esas similitudes.

Lo que marca la diferencia en última instancia, es la forma como
cada una explica el fenómeno y la manera como los observadores
la interpretamos en su lectura final. La diversidad cultural es manifestada según los métodos que emplearon cada uno de los pueblos
para llegar a su grandeza o a su autodestrucción en el caso de las
culturas violentas.

Las culturas no violentas, durante largos períodos de su historia se
han dedicado a cultivar las artes y oficios artesanos, la escultura,
la poesía, la música, la danza y las ciencias como la astronomía, la
agronomía, las matemáticas, la medicina natural y todas las que
tuvieran que ver con el cultivo de los mundos interiores. Nunca
tuvieron ejércitos que no fuera para su propia defensa de ataques
extranjeros y su política exterior se basó en la cooperación pacífica
entre los pueblos, tribus, comunidades o naciones.

Una interpretación de lo que pensaban hace seis siglos antes de
Cristo los filósofos Vedantas, nos muestra con claridad meridiana los
enormes parecidos con los que en otra latitud del planeta piensan
actualmente los indígenas colombianos, los cuales también según se
calcula tienen una tradición filosófica desde esa misma época.

*Más allá de los sentidos está la mente, y más allá de la mente
está la razón, su esencia. Más allá de la razón está el espíritu*

del hombre, y más allá de éste está el espíritu del universo, el motor evolutivo de todo. Y más allá está Dios, que lo compenetra todo y carece de definición. El mortal que lo conoce alcanza la liberación y logra la inmortalidad.

Los Upanishads

Aunque no hay puntos de comparación conceptual, sí hay una gran similitud entre ambos mensajes, pues están hablando de la misma simbología.

El concepto de Dios, para nosotros es la unidad, es la convivencia total, es la identidad total máxima que podamos tener como seres humanos. Si esa convivencia máxima la logramos, lograremos un respeto de lo más profundo acerca de todas las cosas que nosotros podemos observar...

Del Universo Arhuaco
Sierra Nevada de Santa Marta

La práctica de la no violencia activa

¿En dónde se origina la fuerza de la no violencia? Este es el primer interrogante que se precisa dilucidar en el momento de ponerla a actuar en el escenario social. Para las culturas no violentas, esta fuerza radica en el alma o el espíritu, y se puede denominar "energía espiritual" o "amor", que es el término más comúnmente utilizado para expresar una relación de empatía entre dos o más individuos.

Jesús siempre predicó las dos virtudes fundamentales:

1. Ama a tu prójimo como a tí mismo y 2. Ama a tus enemigos". El amor embellece todo y si aprendemos a amar a todos, todas nuestras imperfecciones podrán ser borradas, especialmente a través de palabras amorosas y amables. Las palabras dulces impregnadas de humildad no cuestan nada. Si se actúa de esta manera, la mayoría de problemas y conflictos serán evitados.

Sant Kilrpal Singh. P. 46. 1989

Ahimsa o no violencia significa no ofender, perjudicar o herir a ninguna criatura viviente y menos a nuestros semejantes, sea con pensamientos, palabras y acciones.

Es una virtud ennoblecedora que coloca a cada uno sobre el mismo nivel de sus semejantes que conduce finalmente al principio de la hermandad del ser humano y la paternidad de Dios.

El cultivo de ésta, requiere de un amplio desarrollo de la tolerancia para todos, El mundo se encuentra lleno de diferencias, de enfoques, de pareceres, de formas de ver y vivir a cual más diferentes. Nosotros somos una parte de este inmenso jardín, y para aprender a compartir y a convivir en paz requerimos entender esta verdad. Mientras no se convierta a un enemigo en amigo, no tendremos paz interior.

La tolerancia no es más que el comienzo de un proceso más prolongado y profundo de la construcción de la "Cultura de paz". Es la calidad esencial mínima de las relaciones sociales que permite descartar la violencia y la coerción. Sin tolerancia, no es posible la existencia de la no violencia.

Decía Gandhi que:

> *El principio de la cooperación no violenta tiene sus raíces en el amor. Su objetivo no debe consistir en castigar o inflingir injurias al oponente. Incluso cuando no se coopere con él debemos hacerle sentir que tiene en nosotros un amigo.*

M. Gandhi p. 27. 1987

Ésto significa que la no violencia hay que descubrirla en nosotros mismos y que el espacio para llegar a ella está dentro de cada cuerpo, en cada cerebro humano. Por ello los maestros espirituales y muchos filósofos, sabios y místicos han insistido siempre en ir hacia adentro, en conocernos a nosotros mismos, en profundizar sobre la realidad que nos agobia, no solamente en la desautomatización de nuestro cuerpo y de nuestra mente, también en el reconocimiento de nuestro espíritu.

Sólo las personas que puedan llegar al autocontrol de sus sentidos llegarán al estatus de ser humano. El cuerpo humano es el mejor laboratorio del conocimiento espiritual. Allí es donde se encuentra la sabiduría.

> *Los profesores espirituales, santos y místicos han desarrollado una técnica por medio de la cual uno puede trascender las limitaciones físicas de este universo y descubrir reinos más elevados de conciencia. Se refieren a lugares y regiones reales a las cuales podemos viajar al trascender el plano físico mediante el proceso de meditación en la luz y el sonido internos.*

Sant Rajinder Singh. P. 25. 1996

La no violencia como un método eficaz de solución de conflictos en el plano de las contradicciones sociales, requiere aprenderse desde adentro como se ha visto, y requiere también una preparación. Así como se entrenan los soldados para la guerra y tienen meses y años enteros de entrenamiento para atacar, matar y defenderse del adversario.

Así, los contingentes de la no violencia, requieren meses y años enteros de preparación continua para no agredir, ni para matar ni para atacar a nadie. Este entrenamiento debe hacerse de manos de instructores y maestros espirituales competentes que conozcan y hayan cruzado las diferentes dimensiones de la vida interior, a la vez que puedan mostrar el camino completo de la liberación.

Podría pensarse desde esta perspectiva, en establecer escuelas de paz, no violencia y convivencia con currículos adecuados a las necesidades educativas y de culturización de nuestros pueblos.

Estudio de casos

Con el objeto de analizar detenidamente cómo opera la no violencia activa en el proceso de solución de conflictos, estudiaremos dos casos a manera de ilustración.

El primero de ellos, exitoso por la maestría de su líder y que le ha dado la vuelta al mundo, siendo conocido por muchos lectores: La lucha librada por Gandhi, contra la segregación de los indios en Sur África.

El segundo caso es una experiencia dolorosa ocurrida en Barranquilla (Colombia) cuando un policía mató a su esposa, y se toma como una experiencia que pudo haberse tratado adecuadamente si se hubiesen conocido los principios de la no violencia.

Primer caso

Cómo sucedió:

Cuando Gandhi vivió en Sur África, la represión del gobierno Británico contra los indios era despiadada.

El 22 de Agosto de 1906 se hizo pública una nueva ley que exigía a todos los indios someterse a la toma de huellas dactilares y recibir una tarjeta de registro que debían llevar encima en todo momento y mostrarla cuando se les pidiese. Quien se negara podría perder el derecho de residir en la provincia del Transvaal.

Para cumplir la ley cualquier policía podía detener a un indio que no mostrase el certificado y además, podía ingresar a las viviendas sin orden judicial.

Gandhi inició entonces el 11 de Septiembre en un teatro de Johanesburgo el método de resistencia no violenta que denominó Satyagrahi (fuerza de la verdad).

Solicitó juramento de no someterse a imprimir sus huellas dactilares, pues éstas sólo eran obligatorias para los criminales, o a llevar encima la tarjeta de registro y dijo: "sólo puedo hacer una cosa, morir, pero no someterme a la ley. Aunque sucediese lo improbable y todos los demás desistieran, dejándome enfrentar sólo las consecuencias, confío en que nunca violaré mi promesa.

Si no tienen ustedes la voluntad o la capacidad necesarias para mantenerse firmes, aún cuando se vean completamente aislados, no sólo no deben dar su palabra, sino que deben aclarar su posición antes que la proposición sea votada... Aunque vamos a tomar el juramento en común, cada uno debe ser fiel a su promesa hasta la muerte, sin que importe lo que hagan los demás." La gente votó unánimemente. Afirmando ir a la cárcel antes que obedecer la nueva ley.

Gandhi y otros dirigentes viajaron a Londres para intervenir ante el gobierno Británico donde se celebraban entrevistas a alto nivel y de regreso a Sur África se enteraron que la ley había sido derogada. Pero la alegría duró poco, pues en 1907 se concedió el gobierno autónomo al Transvaal y entonces se promulgó la ley.

Se produjeron manifestaciones de protesta, movimientos de opinión, pero la base era librar un combate en donde ni el odio ni la violencia tuvieran lugar. A finales de 1907 Gandhi fue arrestado en compañía de 1.500 indios y condenados a dos meses de prisión.

Al cabo de un mes se llegó a un acuerdo entre Gandhi y el general Smuts, ministro encargado de las relaciones con los indios, pero éste incumplió su palabra: dijo que no derogaría la ley a menos que salieran del Transvaal los indios instruidos. Con ello se privaba a la comunidad de sus líderes.

Sucesivamente, se desarrollaban manifestaciones, huelgas de hambre y jornadas de desobediencia no violentas entre 1907 y 1913. Las luchas se desarrollaban en las cárceles, en las fábricas, en la minas y en las calles, hasta que al final el 30 de Junio de 1914 se firmó el acuerdo Smuts-Gandhi que proclamaba la abolición de la ley.

Aprendizajes:

Las acciones de Gandhi y de sus seguidores conservaban una metodología muy definida para lograr los propósitos que consistía en:

1. Una inquebrantable fe en que la resistencia no violenta lograría eliminar la situaciones de injusticia.

2.   Las exigencias de un satyagrahi se pueden resumir en esta frase: "Sacrificarse a sí mismo es infinitamente superior que sacrificar a los demás.

3.   Ser consecuente con la verdad.

4.   La no violencia se caracteriza por la insistencia estratégica, pues ante las injusticias se responde con diversidad de actos en el tiempo hasta lograr el objetivo final: marchas, huelgas, boicots, denuncias, boletines, propagandas, presiones en general.

5.   La fuerza de la no violencia convierte al enemigo en amigo logrando efectos constructivos -positivos en vez de efectos negativos-destructivos como lo hace la violencia.

En la India durante el proceso de liberación contra el Imperio Británico, los Indios al mando del Mahatma Gandhi, enseñaron a la humanidad entera un método certero para ganar una batalla social y política sin recurrir a la violencia, que deja amigos en vez de enemigos una vez culminada la confrontación, método que hoy hace parte de la vida y de la cotidianidad de la nación India y que se refleja en la mirada clara y trasparente de sus habitantes llena de amor hacia sus semejantes.

Segundo caso

La violencia intra familiar.

Cómo sucedió:

Analicemos un caso que los medios de comunicación del país reseñaron durante el mes de Marzo de 1999, con el objeto de observar su desarrollo interno y las vías para solucionarlo:

Un policía en Barranquilla recibió la noticia de que sus bienes habían sido embargados por su esposa debido a una separación de bienes que ella tramitaba ante una corte local.
Enfurecido y sin pensar en su futuro ni el de su familia, con completo descontrol de sus emociones, le disparó a su esposa y la asesinó. Pos-

teriormente en un acto dramático que cualquier best-seller pudiera imitar, se disparó un tiro y se suicidó.

El resultado de esa acción: dos muertos, dos hijos huérfanos, sufrimiento y dolor para su familia.

Aprendizajes:

1. Cuando no se enfrentan las contradicciones generadas por las necesidades biológicas, afectivas o económicas, esta situación da como resultado el desarrollo de mecanismos que afectan implícita o explícitamente a la persona, provocando dejadez, apatía o indiferencia lo cual causa paulatinamente tensión que va agravándose con la posibilidad de convertirse en un problema psicológico.

2. El asesinato se pudiera haber evitado, aplicando la técnica de la no violencia activa. Una vez la persona se entera del hecho, si está educada para la no violencia, puede pensar y racionalizar sobre las causas que originaron la acción de su esposa y sobre las consecuencias de la acción que va a cometer. Ésto puede darse si su mente se encuentra calmada, si no permite que lo invada el estrés, la angustia o la depresión, tres de las enfermedades psicosomáticas más graves que padecemos los colombianos.

3. Permitirse un momento para la "meditación", la "relajación" o incluso la reflexión sobre el acto que va a cometer, es muy importante para cualquier persona que se encuentre en ésta u otra situación similar.

    Una actitud de equilibrio por lo general la asume una persona que ama a los demás, o por lo menos que no siente rencor ni odio hacia nadie, que durante su infancia recibió afecto y cariño de sus padres y o su familia, es una persona con emociones y sentimientos positivos. Tal tipo de carácter lo que hace en una situación como ésta es perdonar al contradictor, de esta manera polariza la contradicción y el supuesto enemigo se convierte en amigo por la fuerza de la unidad de los contrarios.

4. Éste es un problema de tipo estructural de la exclusiva responsabilidad del Estado colombiano. Si se aplicaran los derechos humanos fundamentales, los cuales se encuentran en la constitución política como: educación, salud, vivienda digna, empleo, para todos los habitantes, pero también si el Estado se preocupara por desarrollar en la escuela comunidades no violentas y formar a los educadores en una cultura humanista, seguramente no tendríamos este tipo de problemas que se presentan por miles en el país. Siendo una labor constitucional socialmente válida del Estado que no puede de ninguna manera endosársele olímpicamente a la sociedad civil, así ésta quiera participar de manera voluntaria, como de hecho lo hace a través de las Organizaciones No Gubernamentales -ONGs-, el deber de los ciudadanos entonces es exigir su cumplimiento.

5. Si los ciudadanos recibiéramos un entrenamiento en la no violencia desde temprana edad, si fuéramos educados para la cooperación y la solidaridad mediante métodos, técnicas y metodologías de eficacia directa, seguramente no se percibirían este tipo de crímenes en la sociedad y viviríamos un clima de convivencia de tolerancia y de respeto por la pluralidad de ideas entendiendo la existencia de posturas diferenciadas y de formas diversas de enfrentar el mundo.

6. Los ciudadanos sinembargo tenemos en la técnica de la no-violencia activa una herramienta política muy eficaz a la hora de enfrentar la indecisión y el desinterés del Estado para solucionar los problemas sociales. Si se le emplea correctamente, observando sus principios y sus orígenes espirituales, de seguro que dará mejores resultados y entregará mejores dividendos políticos a sus organizadores que las acciones tradicionalmente violentas empleadas para este tipo de reclamaciones.

La desobediencia civil

Las acciones de no violencia activa, pueden conducirnos a desarrollar la "desobediencia civil" o "resistencia civil" empleadas por movimientos sociales y políticos en varias latitudes del planeta.

Situaciones de desobediencia civil se han dado entre otras, en la India: durante el proceso de liberación contra el Imperio Británico. En Sur África y Estados Unidos: en lucha contra el apartheid. En Brasil: con la lucha contra la pobreza de las favelas. En Colombia: que se recuerde esta estrategia ha sido empleada varias veces y como referencias inmediatas podrían mencionarse las luchas que dieron los miembros de la Federación Nacional de Cafeteros en el eje cafetero, mediante una protesta de los productores de café por la falta de apoyo a los productores del grano durante 1998. Las noticias informaron que el movimiento de desobediencia civil conquistó todas sus peticiones. También la Federación Colombiana de Educadores –FECODE– y las Organizaciones Unidas contra el Upac, han luchado desarrollando la no-violencia.

Las luchas de los pueblos indígenas, por el respeto a sus tierras y su cultura, ha sido casi siempre empleando métodos no violentos. (Uwas, Emberas, Huitotos, Koguis, Arahuacos, etc.).

Este método ha sido utilizado cuando los conflictos son causados por leyes injustas, por la actitud arbitraria de las autoridades de un país o región, o por la ocupación del territorio por parte de un ejército extranjero. Recordemos que la desobediencia civil consiste en rechazar personal y colectivamente el sometimiento a las leyes y órdenes injustas, asumiendo las consecuencias de esta actitud.

Según explica Gandhi:

> *...la desobediencia civil completa, es una rebelión sin el correspondiente elemento de violencia.*

Un resistente civil se pone al margen de la ley, declarando que no acata ninguna ley inmoral del Estado... Al hacer esto nunca usa la fuerza, ni resiste a la fuerza bruta que se emplea contra él... de hecho provoca el encarcelamiento y otras medidas de fuerza contra él. Ésto se resume en la frase de Henry Thoreau:

> *Bajo un gobierno que encarcela a cualquiera injustamente, el lugar adecuado para un hombres justo es también una cárcel.*

La "desobediencia civil" o "resistencia civil", es en esencia un instrumento no violento de reclamación y de protesta ciudadana a las
autoridades constituídas que ejercen el poder mediante la fuerza y
el miedo. Se basa fundamentalmente en la fuerza de la "supercon-
ciencia", que habita en cada individuo consciente.

> *La lucha contra la autoridad del Estado y también en la fami-
> lia era a menudo la base misma del desarrollo de una persona
> independiente y emprendedora. La lucha contra la autoridad
> era inseparable de la inspiración intelectual que caracterizaba
> a los filósofos del "iluminismo" y a los hombres de ciencia.
> Esta "inspiración crítica" se traducía en fe en la razón, y al
> mismo tiempo en duda respecto de todo lo que se dice o piensa,
> en tanto se base en la tradición, la superstición, la costumbre,
> la autoridad...*

Erich From. p. 15. 1982

En los comienzos del nuevo milenio la desobediencia civil al estable-
cimiento y a sus formas caducas de gobernar al pueblo se manifiesta
en la calle de manera permanente, por medio de las manifestaciones,
mítines, huelgas y paros de obreros y trabajadores, a través de las
marchas ciudadanas por la paz, las protestas de los deudores de
UPAC, en las áreas rurales con los paros campesinos e indígenas, en
las diferentes expresiones contra la corrupción, la violencia, la injusticia social en las cárceles, en las tomas de entidades públicas, etc.

Si los líderes de todos estos movimientos se unificaran en una estrategia única y conciente para luchar contra lo establecido mediante la
desobediencia civil, cuya meta sea abolir las tradiciones y costumbres
simbolizadas en la violencia estructural y directa, en la corrupción y
el clientelismo y en la violación a los derechos humanos, mediante
métodos no violentos, es muy seguro que sería un movimiento in-
vencible, porque tendría a su favor las fuerzas naturales de la razón
y la inteligencia.

3

Las causas de la violencia

...La guerra es un fenómeno privativo y particular del hombre, que no ocurre en el resto del mundo animal. El hecho de que las acciones de guerra hayan cambiado tan radicalmente a través del tiempo, nos indica que son producto de la cultura. Su conexión biológica se verifica fundamentalmente a través del lenguaje, que facilita la coordinación de grupos, la trasmisión de tecnologías y el uso de instrumentos.

UNESCO.

Las raíces de la violencia

Los especialistas e investigadores en el campo de las ciencias sociales no se ponen de acuerdo aún sobre la causalidad de la violencia. Al respecto se han escrito cientos de volúmenes que demuestran con insistencia que ella puede tener origen económico, político, histórico o cultural.

En la década del 80 del siglo xx, se suscitó una fuerte polémica en los medios académicos acerca de la caracterización que un equipo de investigadores de la Universidad Nacional denominados "violentólogos".

Ellos han clasificado a Colombia como un país por naturaleza violento, con una historia cruzada por conflictos diferente tipo de guerras sobre todo en los últimos doscientos años, guerras de independencia (1810-1820) guerras de los supremos (1840), guerras federales (1860), batalla de garrapata (1877), batalla de humareda (1885) guerra de los mil días (1898-1900), la violencia de los 50 (1948-58), la guerra de guerrillas marxista de fin de siglo y la violencia del narcotráfico (1965 hasta nuestros días.) De hecho, 30 mil homicidios por año, hacen de Colombia, el país más violento del mundo.

Cada guerra, sin embargo ha tenido orígenes diversos, la causa primigenia de ellas no es solamente política ni económica ni territorial, es mucho más profunda y debe buscarse en la psiquis humana y en la naturaleza y la cultura violenta en la que nos hemos visto involucrados desde la conquista de los españoles y aún desde mucho antes, quizás desde tiempos inmemoriales.

Los conquistadores españoles, a nombre de la religión católica sembraron el terror, la injusticia y el odio entre los pueblos indígenas a los cuales oprimieron y esclavizaron en su afán desmedido por las riquezas y el poder territorial. Con la espada empuñada en una mano y la cruz en la otra, evangelizaron y catequizaron a casi todas las culturas indígenas habitantes de la América.

Esta invasión, costó la vida de más de 50 millones de indígenas en un genocidio que hasta ahora la historia no ha narrado en toda su dimensión, de la que emergen muchos resentimientos y discriminaciones sociales, económicas culturales y políticas no superados hasta hoy día.

Todavía los indígenas son perseguidos y exterminados cuando no por comerciantes y terratenientes que van en búsqueda de sus tierras y riquezas, por guerrilleros y paramilitares a los cuales les incomoda sus posiciones neutrales ante el conflicto y de franca posición favorable a la paz y a la convivencia.

Aunque muchas comunidades indígenas se resisten a vivir de esta manera, manifestando su derecho a ejercer la filosofía y cosmogonía armónica con la naturaleza, éstas sólo representan una minoría de la población colombiana, censada en 700 mil indígenas. Una minoría que por fortuna posee el secreto de la espiritualidad guardado muy profundamente en las montañas y selvas del país.

Estos grupos étnicos, poseen además dos senadores, dos representantes a la cámara, y varios diputados, alcaldes y concejales en muchos municipios del país.

Las culturas indígenas que habitaban nuestro continente antes de la llegada de los españoles, mantenían un orden social basado en la armonía, el pluralismo, el comunitarismo y la complementariedad de fuerzas. Sin embargo, en la mayoría de los casos, al producirse el mestizaje, sus costumbres fueron reemplazados por el esquema unilineal occidental, por la sociedad de clases, la estructura vertical y las contradicciones antagónicas.

Desde entonces la violencia y la guerra y el comportamiento reactivo, se han enraizado en nuestra concepción del mundo. El sistema educativo no ha hecho más que reproducir este modelo que contribuye al desarrollo del poder basado en el mecanismo de la violencia y la dominación de unos sobre otros. Se podría decir que ese estigma "violento" lo llevamos en la genética y en el inconsciente colectivo.

Los medios de comunicación masiva, fundamentalmente la televisión reflejan día a día cargas de violencia y agresividad tan fuertes que atrapan a los televidentes mayoritariamente niños en una red infinita de conflictividad, angustia y desasosiego, retroalimentando los factores de violencia, todo esto con la anuencia de los organismos de vigilancia y control del estado.

Un estudio sobre salud mental de los colombianos dado a conocer en 1.993 por el Ministerio de Salud, confirmó que la situación de estrés generada por factores sico-sociales en este caso, debido a la violencia y la guerra, es muy grave e incide en los desórdenes mentales de la población y en enfermedades de diferentes tipo.

En consecuencia, el estrés, afecta todos los sistemas corporales, como el cardiovascular, (palpitaciones, arritmias, dolor precordial, disnea) el gastrointestinal (dispepsia, indigestión, vómitos, pirosis, estreñimiento, irritación del colon) y el nervioso (reacciones neuróticas, insomnio, desmayos, cefaleas) entre otros.

El estrés es definido como una carga o presión. En biología el término toma con frecuencia un sentido diferente, ya que se utiliza para aludir a las reacciones fisiológicas y estereotipadas de "tensión" del organismo cuando se expone a diferentes estímulos ambientales.

Según el estudio aludido,

> *...cuando el ajuste a los estímulos sico-sociales no es bueno, cuando no se atienden las necesidades o las facultades no se utilizan suficientemente, o se fuerzan con exceso, el organismo reacciona con diferentes mecanismos patógenos, los cuales pueden ser:*

> *Cognoscitivos: como la limitación del campo de la percepción, o la disminución de la capacidad de concentración, la creatividad o la toma de decisiones.*

> *Afectivos: la ansiedad o la angustia, la depresión, la alienación, la fatiga mental y la hipocondría.*

> *Conductuales: como el consumo excesivo de alcohol, el tabaco u otras drogas, el correr riesgos innecesarios en el trabajo o la circulación vial y el comportamiento agresivo y violento no justificado, contra otro ser humano o contra uno mismo (conducta suicida).*

> *Los efectos del estrés comprenden afecciones psicosomáticas y sensaciones generales de insatisfacción ante la vida, pérdida de la autoestima y depresión, entre otras.*

> *En 1.993, el 25.6 % de los habitantes sufría algún grado de depresión? el 31.0% presentaba problemas de ansiedad y el 14.3% padecía de psicosis.*

Ministerio de Salud. p. 7 anexo 1.

Con la agudización de las confrontaciones sociales, económicas, políticas en los últimos años y la caracterización de la situación definida como "un estado de guerra permanente", seguramente que estas cifras habrán crecido en proporciones muy altas, lo cual hace el análisis aún más crudo y difícil.

El documento mencionado, es de hecho una voz de alerta que incita al gobierno, la guerrilla y la sociedad, a entender que se necesita algo más que un pacto de paz y que unos diálogos para la dejación de las armas si de verdad estamos interesados todos en la consecución de una paz permanente y duradera en el tiempo.

Para algunos historiadores como Lipovetsky:

> *...En tiempos remotos, la violencia primitiva, estaba regulada en función de dos códigos estrictamente corolarios: el honor y la venganza, resultantes de la subordinación del interés personal al interés de grupo. Se guerreaba por prestigio. Para adquirir gloria y fama, por venganza. Más tarde, con el advenimiento del Estado, la guerra se convierte en un medio de conquista, de expansión o de captura, y es el Estado quien se apropia de la guerra, la glorifica y la convierte en un derecho, creando instituciones especializadas para prepararla y llevarla a cabo. La violencia deja de tener aquel sentido social y ser el medio de afirmación y reconocimiento del individuo, la vida y la individualidad y se convierte en valores supremos y el Estado es el encargado de velar por nuestra seguridad. Pero este aparente proceso de civilización es también el precio de legitimar estructuras profundamente violentas y comportamientos individualistas e insolidarios, poco sensibles al dolor ajeno y a las necesidades de los demás.*

Lipovetsky Gilles. p.p. 174-219. 1986.

No insistiré en ninguna de las anteriores variantes de la investigación, puesto que éstas se encuentran suficientemente radiografiadas. Trataré por el contrario de penetrar de manera experimental en un campo poco explorado por la teoría científica.

Me refiero al campo experimental de la ética y al análisis sobre el vacío ético que existe en nuestra sociedad y tambén a los mecanismos internos que sostienen los valores alojados en la conciencia humana, así como a los métodos para potenciarlos desde el sistema educativo.

Al respecto, el gran educador y constructor de paz en Colombia el sacerdote Jesuita Horacio Arango, decía en el seminario sobre ética ciudadana celebrado en Medellín en 1991:

... Invitamos a toda la sociedad a:

1. Edificar con la participación de todos, una ética tolerante y respetuosa que supere los dogmatismos excluyentes que siempre han obstaculizado la convivencia.

2. A alcanzar distintos niveles de consenso. El primero y básico, un acuerdo sobre la necesidad imperiosa de dirimir los conflictos mediante soluciones políticas y no por la confrontación violenta.

3. A considerar que la verdad no es posesión absoluta de ninguna persona, grupo, partido o comunidad humana. En tal sentido sólo un interés sincero por hallar la verdad colectivamente, y no la obsesión por poseerla, nos permitirá encontrar una senda de paz...

Horacio Arango. p. 13. 1991.

Aunque la iglesia católica durante cinco siglos preparó a nuestras comunidades para la espiritualidad, ésta fue mal entendida y mal aplicada, precisamente por los métodos y la metodología inadecuada empleada para su enseñanza. En tal sentido la espiritualidad se confundió con la religiosidad, y la ciencia ética se tomó por doctrina, degenerando con el tiempo en un dogma, alejado de la realidad.

Pese a la influencia de los románticos, iluministas y sensualistas franceses que irrumpieron en el siglo XVIII y XIX poco después de la revolución francesa, y de la proclamación de "Los derechos del hombre" por Camilo Torres, la escolástica continuó primando en el sistema de enseñanza mayoritariamente desarrollado por católicos y religiosos.

Con excepción de las comunidades Jesuitas y Franciscanas entre otras, que en buena medida continuaron siendo fieles a la tradición cristiana de la no violencia, la gran mayoría de comunidades religiosas se fueron acomodando a las exigencias del Estado y del tradicionalismo cada día más comprometido con el ejercicio de la violencia contra los ciudadanos y de las guerras para salvar sus territorios de invasiones extranjeras.

> *Había en esta vieja escolástica un divorcio entre el pensamiento y la vida, se mantenía de espaldas a las inquietudes de los nuevos tiempos y prestaba oídos sordos a los nuevos problemas que se planteaban. Su tozudez en permanecer dentro del más rancio y limitado tradicionalismo la hacía, sin duda insuficiente e inoperante para los nuevos tiempos.*

Isabel Monal. p. 51. 1985.

Esta realidad histórica que no permitió a nuestros pueblos un desarrollo autónomo ni propició el sentido de identidad cultural, debe preocuparnos a investigadores, intelectuales, educadores y en general a todos aquellos que de una u otra forma insistimos desde diferentes perspectivas en la formación de la conciencia y la cultura de la nación, puesto que de su superación y transformación a corto y mediano plazo depende en buena medida el futuro del país.

Una sociedad y un mundo sin valores, es una sociedad y un mundo que al igual que un ciego, caminan con un bastón en la mano tanteando la realidad pero sin lograr acertar o con la inseguridad de poderse equivocar a cada paso.

Sin embargo lo que se trata de establecer en primera instancia es la relación existente entre las causas subjetivas y objetivas de la violencia, y los nexos internos existentes entre ellas.

Sobre la base de este reconocimiento podría ser más fácil para los científicos sociales y humanos establecer mecanismos alternativos de solución a la violencia y a la guerra desbloqueando de paso los caminos para la construcción de una "cultura de paz y convivencia".

Descubriendo la fuente del conflicto

El aprendizaje de la paz como valor ético o como derecho humano, al no sentirse en el área emocional, al no vivenciarse en el campo espiritual, al expresarse de forma mecánica en el campo lógico-lineal, sólo como un contenido teórico o discursivo, sin mayor coherencia interna y muchas veces sin ningún contenido filosófico, representa un concepto inerte y como tal sólo produce ceguera y obnubilación del pensamiento en los receptores.

El sistema educativo al especializar tan marcadamente los campos del conocimiento y al diferenciar el área emocional de la racional, fue generando con el paso del tiempo una especie de disfunción entre la afectividad y el razonamiento y por ello es muy común encontrar los discursos sobre muchos temas, pero por lo general lo que se dice no concuerda con lo que se hace, actitud que normalmente denominamos de "doble moral", la que se ha constituido en una norma de comportamiento aceptada socialmente.

La actitud consecuente entre teoría y práctica; el ser transparente y honrado en su comportamiento social, se constituye en una excepción en ocasiones mal vista culturalmente y tildada en algunos casos de "pendejada" y de "locura", en otros. Esta situación refleja hasta qué grado se han deteriorado los valores éticos en nuestra sociedad.

La dicotomía mental es la causante de muchos malos entendidos, de problemas sin canales que terminan volviéndose conflictos hasta evolucionar en guerras.

Mientras el sistema educativo en sus diferentes instancias curriculares humanistas no realice el acto de lograr la unidad interna intra-psíquica, y forme la coherencia entre el sentimiento y el pensamiento, vinculando la teoría a la práctica; mientras los profesionales de la política tanto de izquierda como de derecha, no aprendan los valores éticos y los vivencien en su labor cotidiana, siendo los primeros en dar el ejemplo; mientras su actitud sea dual, lo que significa que el discurso continúe por un lado y su práctica por otro; en fin mientras no sea transparente su accionar y honesta su gestión pública; sólo podremos contar esperanzadoramente con las nuevas generaciones las cuales deben formarse en las escuelas y colegios en una renovada concepción de los valores éticos y los derechos humanos.

Esto significa además un cambio de actitud y una transformación de las costumbres políticas en un plazo de diez o veinte años, incluso tal vez se requiera otra generación post-guerra para consolidar este proceso, Pero aún para realizar este plan, los educadores debemos comenzar a trabajar ahora mismo.

Como la educación tradicional formó a los Colombianos para el autoritarismo, con métodos verticales, en medio de una confusión ética, producto de una contradicción cultural entre la cosmogonías indígenas y africanas, y el sistema de pensamiento europeo representado en la teología cristiana y el modernismo filosófico de Newton y Descartes; como nuestros abuelos y antepasados vivieron azotados por la violencia y las guerras, entonces no es extraño ver los reflejos de la educación y de la historia inconsciente en nuestra realidad social: la intolerancia y la falta de respeto por las ideas contrarias.

> *Un currículo violento sólo puede formar niños violentos y conflictivos, niños desadaptados para una sociedad democrática y aptos para la guerra, o para asumir comportamientos autoritarios e intolerantes ante la diversidad cultural.*

Álvaro Rendón - Lucy Riveros. p. 39. 1998.

Si abordamos el concepto político tradicional que fracciona el mundo en dos partes, en blanco y negro. Tanto de una orilla como de la otra, desde la izquierda como desde la derecha, se cometen excesos de intolerancia política. Porque la paz no es de derecha ni de izquierda como tampoco puede ser el capital político de un determinado partido.

La paz es un valor supremo, el mayor de los valores. Izquierda y derecha son dos conceptos para identificar un pensamiento político social. Los que creemos en la paz de verdad, estamos por cambiar esta realidad de antagonismos y conflictividad que se deja ver precisamente desde la propia utilización de los conceptos, y desde el lenguaje gestual y las expresiones faciales, las cuales afectan las relaciones interpersonales. Sonreír, asentir con la cabeza, levantar las cejas, pestañear, escuchar con atención, abrir los brazos, son formas de expresión positiva. Mientras que fruncir el entrecejo, mirar fijamente a los estudiantes, burlarse, palmotear la mesa, cruzarse de brazos, etc., son formas de expresión negativas.

El concepto dual en la política, tiene más de trescientos cincuenta años, cuando Robespierre, durante la revolución Francesa en una de sus juntas revolucionarias separó sus seguidores a la izquierda, diferenciándolos de los de la derecha, inaugurándose la era moderna de las sociedades y paradójicamente el renacimiento de los valores humanos como la fraternidad, la igualdad y la libertad.

Por esa misma época, la filosofía cartesiana, condenó a los hombres a depender exclusivamente de la razón. En el campo de las ciencias humanas, el pensamiento racional se volvió sinónimo de conciencia, del "yo humano", y la emoción quedó relegada a una posición secundaria. Por eso el método científico convertía en óptimos los hechos y la lógica y descalificaba los demás métodos por considerarlos anticientíficos.

> *Sólo lo que es visible a los sentidos es catalogado como un hecho empírico, lo que se puede medir o cuantificar. Lo demás no existe por ese mismo hecho, no es científico.*

> Jeanne Segal p. 48. 1997

En la guerra local que se desarrolla actualmente en Colombia, ningún bando ha querido dar un paso hacia la paz, si éste, no les representa una ganancia política para fortalecer sus posiciones militares-territoriales, contribuyendo con esta actitud al escalamiento de la guerra en grandes proporciones. ¿Cuál es la diferencia entre esta filosofía de la guerra y la teoría de la paz de los sepulcros?

No se puede olvidar que el concepto de *Pax* desarrollado por el imperio Romano, contra el cual luchó y murió Jesucristo, mantenía el criterio de ausencia de violencia, liquidando los focos conflictivos antagónicos los cuales generalmente se encontraban dentro de "la plebe", afuera de sus murallas y sus palacios repletos de comodidades. Concepto clasificado por la moderna investigación para la paz como "Paz negativa".

La famosa sentencia de Clausewitz: "Si *quieres la paz prepárate para la guerra*", obedece a la costumbre dual, maquiavélica de mostrar un rostro, lanzando una táctica para distraer al enemigo, mientras tanto preparar la otra cara para ganarle en términos estratégicos, como en el juego del póker, los jugadores que poseen una carta tapada, como estrategia ganadora.

Esta costumbre, transformada en valor cultural, es la concepción que hasta hoy predomina en la sociedad. Pone el énfasis en la ausencia de la guerra y se apoya sin desearlo en la violencia estructural.

La paz sería simplemente no-guerra, por lo tanto presupone un aparato militar que garantice el orden, que disuada al enemigo interno, a los rebeldes o insurgentes y asegure la permanencia del sistema. La autoridad se ejerce sobre el poder de las armas y el miedo a la muerte.

Los unos acusan a los otros y todos se acusan entre sí de ser los responsables de la violencia y de la guerra. La guerrilla dice que es el estado el responsable de la "violencia estructural" y de la "violencia directa", y el estado acusa a la guerrilla de ser el responsable de la "violencia directa".*

En el plano lógico-analítico no vamos a encontrarle solución al conflicto, porque cada parte encontrará uno y mil argumentos mejores cada vez para oponerle al contrario.

Los negociadores requieren acudir al plano espiritual, donde yacen los valores éticos, allí donde se encuentra la paz interna, la unidad del ser; para comprender que no habrá ganadores, que todos vamos a perder con la guerra y que en los cementerios ya no existen enemigos.

Con esta herramienta seguramente podremos encontrarle soluciones a todas las contradicciones sociales y a todos los conflictos humanos incluyendo las guerras.

Al respecto las ciencias naturales han evolucionado recientemente hacia nuevas teorías, presionadas por una búsqueda permanente e incesante que los investigadores han desarrollado, sobre todo en el campo de la física "relativista" y la física "cuántica", acercándose a las antiguas filosofías místicas, en lo que es considerado por algunos pensadores como el encuentro entre la ciencia y la religión y el acercamiento entre las dos grandes corrientes del pensamiento que se han disputado la conciencia de la humanidad desde el comienzo de la historia.

Las declaraciones del papa Juan Pablo II en la plaza del Vaticano en Noviembre de 1999 acerca de los estados interiores cuando afirmaba que: "*el purgatorio, el cielo y el infierno son estados interiores de las personas*", luego de muchos siglos de oscurantismo, podrían estar en el marco de este trascendental encuentro que inauguraría la edad de oro de la humanidad.

> *El espacio y el tiempo son dos conceptos que siempre habían parecido totalmente diferentes sin embargo la física relativista los ha unificado. Esta unidad fundamental constituye la base para la unificación de los conceptos opuestos antes mencionados. Al igual que la unidad de los opuestos experimentada por los místicos, también en la física esta unificación tiene lugar en "un plano más elevado", es decir en una dimensión más alta, y, al igual que lo experimentado por los místicos, se trata de una unidad dinámica, pues la realidad relativista espacio temporal es una realidad intrínsicamente dinámica, donde los objetos son también procesos y todas las formas no son sino patrones dinámicos.*

Fritjof Capra. p. 167. 1995.

Lo complejo del fenómeno que se vive actualmente, es que cuando se desata la guerra, ésta no es un conflicto de ideas ni una discusión política romántica que se encuentra en el plano intelectual, sino una lucha fraticida por territorios en donde las estadísticas hablan de cifras de muertos y heridos, de pérdidas económicas e infra estructurales, cantidad de desplazados, etc. y los noticieros muestran las crudas imágenes de la barbarie y la irracionalidad de la guerra: miseria, desolación, hambre dolor y sufrimiento.

Los anteriores análisis pueden representar indicadores ciertos de lo largo que será el camino para la obtención de la paz permanente en nuestro país.

El final de las guerras y la construcción de la paz

La humanidad tiene una vasta experiencia y ha acumulado muchos conocimientos científicos y técnicos acerca de la guerra. Las evidencias arqueológicas verificables como las poderosas murallas que rodean a la China; la cultura militar de los microlitos geométricos (brutales puñales para la lucha cuerpo a cuerpo); las pinturas rupestres de encarnizadas masacres y el hallazgo en Téviec (Francia) de una tumba con el primer Aquiles condecorado por sus feroces hazañas, son revelaciones indudables e impresionantes de que la historia conducida por el *homo sapiens,* ha nacido guerrera.

La historia y la antropología dan muestras de cómo la violencia institucionalizada comenzó con la revolución agrícola hace unos 7.000 años y que con la revolución industrial en el siglo XVIII, adquirió nuevos elementos institucionales y tecnológicos, que le dotaron de instrumentos de matanzas masivas. Todo ésto fue producto de la inventiva de los hombres, de su imaginación y de su capacidad creativa para uso destructivo.

La propia realidad violenta y machista que apreciamos y que reflejan el cine y los medios audiovisuales es la mejor demostración de que esta tradición continúa hasta nuestros días.

En los últimos tres siglos, las guerras, de independencia del sistema colonial, las revoluciones francesa, americana, mexicana y rusa, las dos guerras mundiales y más de cien guerras internas religiosas, interétnicas, por territorios y políticas durante el siglo XX, han envuelto la tierra en un torbellino mezclado de pólvora, odios y contaminación espacial, visual y auditiva.

La industria armamentista ha obtenido magistrales desarrollos en los campos de la energía nuclear, la inteligencia artificial, las comunicaciones espaciales, la ingeniería coheteril, la guerra de las galaxias, los rayos láser y ultravioleta entre otros. Nunca antes a través de toda la historia, el género humano ha perfeccionado tanto sus instrumentos de matanza y genocidio colectivo como en esta época.

La historia humana parece estar destinada a ser una confrontación y un conflicto permanente en dos sentidos simultáneamente; de un lado en la lucha por la sobrevivencia desplegando los mecanismos del conflicto y de otro también por la convivencia extrayendo de su interior el equilibrio y la paz interna. Extraña paradoja que la ciencia también debe dilucidar.

Más de la mitad de los científicos han dedicado sus vidas al perfeccionamiento y la investigación científica en los campos de la guerra, y al crecimiento de la industria militar.

Pero también es justo afirmarlo, a la par de los descubrimientos arqueológicos sobre representaciones mitológicas acerca de la guerra, se han encontrado verdaderos templos pinturas y esculturas dejadas a la posteridad por culturas y civilizaciones no violentas que sobrevivieron a las guerras, desarrollando vidas paralelas.

Estas culturas, prefirieron elevarse por encima de la conciencia terrenal, transformando el conflicto individual y colectivamente de manera silenciosa traspasaron el tiempo, introduciéndose en otras dimensiones físaicas no violentas, en lo que parecería ser una demostración de ciencia ficción.

Pruebas de ello son las esculturas y tallas en madera y piedra dedicadas a los dioses, encontradas en la India y en todo el Sudoeste Asiático, las pirámides de Egipto que son verdaderos templos iniciáticos para la espiritualidad de los faraones, o las ruinas de Machu Pichu en el Perú, las esculturas y pinturas encontradas en México y Guatemala en honor a Quetzacoalt y otros dioses.

En el siglo XX, la humanidad comprendió la inutilidad de la guerra y comenzó el proceso de transformación evolutiva racional por la paz que se traduce en reconversión industrial y tecnológica de los gastos militares en gastos sociales.

Poco después de la segunda guerra mundial, que dejó más de cincuenta millones de muertos y el continente europeo semi-destrozado, con la creación de la Organización de Naciones Unidas. ONU, (1945) comenzó una nueva era para la especie humana.

La UNESCO, el organismo rector de la ciencia y la cultura, ha sido una institución clave en este proceso, lo demuestra la cantidad de documentos escritos y estudios realizados acerca de la paz y en contra de todas las formas de discriminación y de violencia. Por fin comenzamos a pensar en serio y de manera sistemática en como construir e inventar la paz.

Los acuerdos de paz regionales, logrados en muchas latitudes de la tierra, con el apoyo de instituciones gubernamentales y no gubernamentales nacionales e internacionales han ayudado a clarificar el hasta ahora oscuro y siniestro panorama manipulado por poderes extraterritoriales.

De otra parte, los acuerdos globales para la reducción de armamentos, la liquidación de misiles de corto, mediano y largo alcance, así como la limitación de la producción nuclear con fines armamentistas y la prohibición de utilización de armas químicas y biológicas que se han propuesto las grandes potencias en las últimas dos décadas del siglo XX, mediante los acuerdos de Helsinki y como consecuencia el final de la "guerra fría", reflejan un indicador cierto del convencimiento interactivo entre las superpotencias nucleares sobre la necesidad de la convivencia pacífica en el planeta.

> *Pese a ello, desde 1989 hasta 1996 se produjeron en el mundo 101 conflictos, de los que sólo seis han sido entre Estados (India-Pakistán, Camerún-Nigeria, Etiopía-Somalia, etc.), y el resto en el interior de los Estados. En 1996 estaban activos 36 conflictos, 6 de los cuales eran guerras (Rusia contra Chechenia, Turquía contra los Kurdos, Afganistán Sri Lanka, Argelia y Sudán), estos conflictos han dejado un balance de 3.5 millones de muertos, 24 millones de desplazados y 18 millones de refugiados.*

Wallenstein Peter, Sollenberg Margareta. p.p. 339. 358. 1997.

La construcción de la paz debe entenderse como una acción masiva donde interviene toda la sociedad o gran parte de ella que durante el período de la guerra incluso estuvo combatiendo en ambos bandos.

Para la construcción de la paz, se requiere reconocer el origen de la violencia en todas sus dimensiones sico-sociales y afectivas planteado soluciones alternativas que en esencia superen estas crudas realidades culturales e históricas del pasado y propongan una nueva forma de ver el mundo, de estar en él, y de convivir bajo un concepto que respete unos mínimos éticos globales, donde el valor de la paz sea el fundamental; pero se requiere además dar soluciones básicas a las necesidades elementales de la población y de satisfacer los derechos humanos establecidos constitucionalmente.

> *...la paz no es sólo aquella idealidad que se obtiene una vez solucionemos los males sociales, morales, y económicos, que nos asaltan. Ella es también el camino para resolverlos...*

Luis Carlos Restrepo. P.64. 1997

"La sociedad civil", algo ha avanzado al respecto, sin embargo se requiere aún pedagogizar con mayor profundidad y extensión estos consensos mediante métodos no formales e informales para que toda la población los conozca y los practique.

Las armas pueden abandonarse, pueden fundirse para fabricar herramientas y nuevas máquinas para mejorar la productividad industrial como se ha hecho en otras latitudes del planeta luego del agotamiento de la guerra; pero quedan las cicatrices, las rupturas psicológicas y emocionales, los quiebres afectivos, los desbarajustes sociales, los abismos económicos entre los que ganaron con la guerra y los que la guerra dejó sin nada.

He aquí el impacto grave que tiene la guerra sobre la población y a la vez el gran problema a solucionar una vez cesen las hostilidades armadas, cuando llegue el momento de la reconstrucción del tejido social, de la sanación de las heridas sicológicas y de la cicatrices físicas.

¿Qué hacer con los lisiados e impedidos por la guerra? ¿Quién pagará los destrozos materiales de la guerra? ¿Qué pasará con los miles de viudas y huérfanos (as), ¿qué será de la vida de los miles de desplazados y desterrados de sus tierras?

Los actores involucrados en el conflicto deben pensar en como solucionar estos interrogantes de una manera anticipada y no esperar a que la guerra culmine. Quizás si se hace conciencia del desastre que se causa con la barbarie de la guerra, podamos entender la inutilidad de ésta.

Construir la paz es más difícil que culminar una guerra. La reconstrucción de las sociedades que han vivido un conflicto armado conlleva el requisito previo de un importante cambio mental en quienes anteriormente han protagonizado dichos conflictos. Si no se tiene en cuenta este postulado, esta reconstrucción sería un imposible.

Lo anterior, implica un alto grado de sensibilidad creativa de la población la cual se encuentra sujeta a los cambios culturales, económicos, sociales y políticos por cuanto el fantasma de la guerra y de la violencia como métodos para acabar con las diferencias, las rencillas y retaliaciones mutuas rondará durante varias décadas en la mentalidad de una gran parte de la sociedad que estuvo involucrada en el conflicto.

La cultura de la violencia, de la desconfianza y la insolidaridad generada durante este período ha llegado a irradiar de tal modo la vida de la sociedad que una vez iniciado el período de paz, se retrotrae y reaparece insistentemente en las costumbres y en los comportamientos de la población y se manifiesta como un obstáculo permanente a la aparición de los nuevos modelos mentales con impactos en la propia agenda de reconstrucción.

De allí que el trabajo pedagógico por construir una "cultura de la paz y la convivencia" se convierta en el esfuerzo central de la reconstrucción en esta nueva etapa de la vida política del país. Valores éticos y derechos humanos, tan importantes para consolidar esta nueva postura como la solidaridad, la tolerancia, el diálogo, la cooperación, la justicia y la igualdad, se vuelven en elementos imprescindibles de esta nueva estrategia del sistema educativo.

Uno de los aspectos de esa nueva cultura es precisamente la de proceder a un rápido desarme y una desmilitarización de la sociedad en términos tanto materiales como mentales, reduciendo los efectivos de las fuerzas armadas y sus presupuestos, eliminando determinadas unidades que significaron una época represiva, e instaurando una nueva doctrina de seguridad basada en la defensa de la democracia y de los derechos humanos.

De otra parte, es necesario acompañar esta agenda con otras de tipo económico que permita la reconstrucción de la capacidades productivas, financieras y comerciales, la creación de empleo, la reinserción de los excombatientes, la reforma a la estructura agraria del país y la disminución de las diferencias de ingresos percápita. La modernización del estado debe ser paralela a la reforma de las estructuras económicas del país, especialmente cuando éstas han sido la causa del enfrentamiento armado.

Al respecto sería interesante repasar las experiencias de las guerras culminadas en otras latitudes, pero principalmente en Centroamérica como referente cultural más cercano a lo nuestro. Hacer esta lectura, podría darnos luces en el largo camino de la reconstrucción, pues Colombia no es una isla en un continente, como tampoco se encuentra aislada del mundo y la retroalimentación conceptual y espiritual conviene a cualquier proceso que quiera andar con pasos firmes hacia la consecución de la armonía social.

El nacimiento de la cultura de los derechos humanos

La experiencia de las dos guerras mundiales, sirvió a la conciencia progresista de la humanidad para entender que la paz se convertía en un imperativo moral y ético.

Bajo el presupuesto de que las guerras podían evitarse y todo dependía de la voluntad de los gobernantes, el 10 de Diciembre de 1948 se redactó en París la Declaración universal de los derechos humanos, donde se postularon una serie de derechos fundamentales para toda la humanidad.

La Declaración universal, representa: "un ideal común por el que todos los pueblos y naciones deben esforzarse" –en palabras de la propia declaración– "sean cuales fueran su raza, color, sexo, idioma, religión, opinión política, origen, nacional o social, posición económica, nacimiento o cualquier otra condición".

Tanto la Declaración universal como los convenios de Ginebra de 1949 ampliados y complementados con los protocolos I y II sobre derecho internacional humanitario, son los instrumentos normativos claves con que contamos las nuevas generaciones de habitantes del planeta que fuimos formados con un carácter humanista, para el desarrollo de una nueva cultura pacifista que se dedique a mejorar las condiciones de existencia sobre la tierra y no a su destrucción.

Sobre los postulados básicos, consagrados en los protocolos de los derechos civiles y políticos como la paz, la democracia, la igualdad, la solidaridad, la libertad y la justicia social, se levanta hoy un nuevo pensamiento civilista y humanista a nivel global que atraviesa los continentes y permea la sociedad mundial.

> *Éstos se constituyeron en un claro reconocimiento de carácter moral, social, normativo y político de la existencia física y social de todos los miembros de una sociedad. De allí que el individuo por formar parte del sistema social, por nacer, crecer y desarrollarse en el interior de éste, adquiere por simple naturaleza, una serie de derechos que se convertirán en una parte fundamental de su desarrollo integral, no sólo como persona sino como ser humano digno, capaz de enriquecerce en su intercambio social con los demás.*

Álvaro Rendón, Olga Lucía Zuluaga p. 37 1996

Los antecedentes de esta normatividad se encuentran en los valores éticos que hoy son consensuados universalmente propuestos por dioses, filósofos y santos a través de toda la historia y que se pueden igualmente sintetizar en los diez mandamientos escritos en la Biblia.

Los principios fundamentales de este pensamiento global son caracterizados por Erich From, en su libro sobre la desobediencia civil, de la siguiente manera:

1. La creencia en la unidad de la raza humana, en que no hay nada humano que no se encuentre en cada uno de nosotros.
2. El énfasis en la dignidad de la especie.
3. El énfasis en la capacidad de la pareja de desarrollarse y perfeccionarse a sí misma.
4. El énfasis sobre la razón, la objetividad y la paz.

Erich From. p. 68. 1987.

Siendo los derechos humanos, un instrumento elemental y simple de aplicar, no sólo por su naturaleza jurídica el cual obliga a los Estados partes de las Naciones Unidas, sino también debido al equilibrio social que podría manifestarse mediante esa voluntad, hay que decir con abrumador pesar que en la mayoría de los estados en desarrollo no se destina el presupuesto adecuado a la educación, la salud, el pleno empleo, ni se ejecutan las obras sociales de infraestructura necesarias a fin de crear las bases materiales para la construcción de la paz.

En el caso colombiano, la pedagogía sobre los derechos humanos, comienza a ser política estatal a partir de la creación de la oficina de la Consejería Presidencial para los derechos humanos en 1985. Sinembargo, desde 1975 ya el tema era tratado en foros y seminarios desde la sociedad civil, aunque socialmente hablar de ello, era catalogado como "revolucionario", o "comunista".

Para el Estado colombiano hoy, invertir en el desarrollo social y humano, lo que implica aceptar la necesidad de aplicar el derecho a la salud, a la vivienda, a la educación y al empleo como mínimo ético, para una población mayoritariamente necesitada, haría un bien al país y al desarrollo del mismo, además porque son derechos constitucionales.

Pero no hacerlo, haría aún más lejana la posibilidad de la convivencia pacífica, al multiplicarse los conflictos de diversa índole entre los más comunes: la lucha de clases y sus consecuentes residuos como el odio, la envidia, la competitividad entre los individuos, el robo, el asesinato, la violencia callejera y la guerra de guerrillas ¿o acaso, ésta no es la situación que se vive en pleno siglo XXI?

Segunda parte

4

La construcción de la paz desde el sistema educativo

El sistema educacional de la India fue probablemente el mejor de todos, porque estaba basado en la ética y la espiritualidad. Ahora a medida que nos volvemos más y más materialistas, la bestia en el hombre está ganándole al ángel que hay en él.

Sant Kirpal Singh.

Con la implementación de la Ley general de educación en 1994 y el Plan decenal de educación en 1996, el sistema educativo colombiano en teoría, comenzó a remover sus viejas estructuras y a sacudirse de ellas para entrar en la senda de la globalización y del humanismo creativo, tomando como eje central la recuperación de los valores éticos y los derechos humanos.

Revisando el contenido de algunos apartes de su articulado, encontramos dos bases muy firmes sobre las cuales se refuerza todo el andamiaje teórico del presente trabajo investigativo:

1.   La definición sobre el objeto y los fines de la ley. En cuanto al objeto, dice en su artículo primero: La educación es un proceso de formación permanente, personal, cultural y social que se fundamenta en una concepción integral de la persona humana, de su dignidad, sus derechos sus deberes.

2.   A continuación en el artículo quinto sobre los fines de la educación: De conformidad con el artículo 67 de la constitución política, la educación se desarrollará atendiendo a los siguientes fines:

     a.   El pleno desarrollo de la personalidad sin más limitaciones que las que le imponen los derechos de los demás y el orden jurídico, dentro de un proceso de formación integral, física, psíquica, intelectual, moral, espiritual, social, afectiva, ética, cívica y demás valores humanos. La formación en el respeto a la vida y los demás derechos humanos a la paz, a los principios democráticos de convivencia, pluralismo, justicia, solidaridad y equidad, así como en el ejercicio de la tolerancia y de la libertad.

De otra parte el plan decenal de educación, ha sido

> *...destinado a la formación de seres integrales, comprometidos socialmente en la construcción de un país en el que primen la convivencia y la tolerancia, seres humanos con capacidad de discrepar y argüir sin emplear la fuerza, seres humanos preparados para incorporar el saber científico y tecnológico de la humanidad a favor de su propio desarrollo y el del país.*

Ley general de educación.
Decretos reglamentarios. P.11-12. 1996

La pedagogía para la paz

Desde los diferentes espacios sociales y desde las diversas instituciones educativas, la pedagogía para la paz, enfocada desde la instancia filosófica axiológica, se torna entonces en un instrumento útil de doble vía.

En primer lugar, la pedagogía como ciencia de la investigación del entorno puede emplearse para elaborar el diagnóstico en cuanto se emplean instrumentos de investigación sobre la realidad a través de la observación empírica.

En segundo lugar, como ejercicio educativo, formativo y que contribuye al aprendizaje de los participantes en un acto pedagógico permanente, una vez sucedida la catástrofe manifestada en la guerra, se transforma en una medicina para su curación, que puede significar desde la solución positiva de los conflictos intrafamiliares, hasta la reconstrucción del tejido social del país. Desde este enfoque la pedagogía, se constituye en una necesidad inaplazable para la construcción de una "cultura de paz".

De la misma manera y como complementaria a esta labor se requiere la construcción de una sociedad justa, igualitaria, democrática, tolerante, donde el ser humano sea el centro de la atención del Estado y de sus diversos Ministerios, en fin una sociedad en la que han soñado todos los grandes filósofos, sabios y santos para la humanidad, donde se respeten y se cumplan los derechos humanos. En otras palabras: "la cultura de paz", es la utopía posible por la cual podemos luchar desde la escuela y el sistema educativo.

La pedagogía para la paz, es una pedagogía libertaria y creativa que se basa en los pilares fundamentales del cambio y la transformación del conflicto. Consiste en:

> *Analizar el mundo en que vivimos, pasarlo por la crítica reflexiva emanada de los valores propios de una cosmovisión pacifista y lanzar a los individuos a un compromiso transformador, liberador de las personas en tanto que movidas por el análisis crítico quedan atrapadas por la fuerza de la verdad y obligados en conciencia a cooperar en la lucha por la emancipación de todos los seres humanos y de sí mismas en primer lugar.*

> Martín Rodríguez p. 366. 1994

Entendida como valor ético o como derecho humano, nos la planteamos como un acto consciente y deliberado en el que tenemos que saber hacia que modelo de sociedad y de ser humano apuntamos, comprometiéndonos en este proceso como personas.

Trabajar por un proceso educativo que signifique contribuir al desarrollo de un pensamiento planetario, que implique alejar el peligro de la guerra. Poner fin al expolio de las zonas empobrecidas del país y del planeta. Enseñar desde y para la no violencia, aprender a considerar el conflicto como un vehículo de cambio social, si sabemos resolverlo sin recurrir a la violencia. Integrar al estudiante en un proceso de transformación de la sociedad y del mundo hacia la justicia y el equilibrio del medio ambiente. Este es el compromiso de educar para la paz desde el sistema educativo.

La educación en consecuencia, no sólo debe entregar un sistema de aprendizaje a las personas para conocer el mundo sino también para aprender a ser en el mundo.

No se trata sólo de aprender ciencia y teorías sobre la paz sino también cómo aprender a vivir y relacionarse con los demás, cómo saber vivir en armonía con la naturaleza, y cómo ser mejores seres humanos, más solidarios, fraternales y amorosos con las demás personas con las que compartimos diariamente nuestro lugar en la tierra. Esto tiene un significado muy fuerte en las teorías cognoscitivas, en la axiología y la epistemología.

> *A pesar de que la gente aprende una profesión, hay elementos básicos que todo sistema educativo debe enseñar a sus estudiantes, y éstos son, aquellos que les ayudan a desarrollarse como mejores seres humanos y que les permiten solucionar los problemas y dificultades que van a encarar en la vida. A los niños se les debe enseñar a distinguir lo correcto de lo incorrecto y a tomar buenas decisiones. Junto con ser capaces de tomar buenas decisiones intelectuales, buenas decisiones físicas, tenemos que aprender a tomar buenas decisiones espirituales.*

Sant Rajinder Singh p. 18. 1994

Mientras no, aprendamos acerca del conocernos a nosotros mismos, del como funciona nuestro cuerpo, nuestros sistemas sensorios y motores, nuestro cerebro y el sistema de asociaciones neuronales, nuestra estructura mental, nuestros sistemas emocionales, y cómo aprender a controlarlos y regularlos, también será muy difícil el aprendizaje de la paz.

En una investigación sobre la aplicación de los valores éticos en la escuela, realizada en 1998, con docentes afiliados a la Federación Colombiana de Educadores –FECODE–, en más de 300 escuelas y colegios públicos del país, hallamos una identidad común que se puede establecer como

> *una sensibilidad creciente de un gran porcentaje de maestros por ubicar el valor ético de la paz en el primer plano del aprendizaje sobre valores.*

Álvaro Rendón – Lucy Riveros p.104. 1998
(Ver anexo No 1.)

Esta realidad es altamente significativa para el país en momentos en que se requiere con urgencia la construcción de una cultura de paz permanente. No solamente por la calidad de los actores sobre los cuales se investigó, sino también y además por la relación descubierta entre valor ético, paz y derechos humanos, que por lo general no se tiene en cuenta en el proceso educativo.

La cátedra por la paz, la vida y la libertad recientemente propuesta por las ONGs que trabajan por la paz y apoyada por el Ministerio de Educación Nacional, puede ser uno de los mecanismos que potencien esta nueva cultura.

Entendida como un valor, los docentes debieran comenzar a deconstruir dentro de ellos mismos, todo el sistema de pensamiento, los enfoques y las visiones muchas veces confusos sobre el concepto y la práctica de la paz.

Simultáneamente debiera comenzar la construcción interna de la paz a través del reaprendizaje de los valores éticos y humanos para posteriormente reflejarla en el aula con sus estudiantes, en la comunidad educativa, con los demás maestros directivos docentes y padres de familia, en el hogar con sus familias y en las demás esferas sociales donde se relacionan cotidianamente.

Esta es una tarea inaplazable e indelegable. La paz comienza dentro de nosotros mismos y se extiende a nuestro entorno en la medida en que seamos consecuentes con nuestra propia conciencia y ayudemos a instaurarla mediante el ejemplo práctico en la vida cotidiana.

Los objetivos de la pedagogía para la paz

En tal dirección se pueden configurar los siguientes objetivos de una pedagogía para la paz:

1. Investigar de manera creativa la realidad en todas sus dimensiones y mediante el empleo de todas las disciplinas posibles.

   Como se ha visto, la investigación mediante los métodos empíricos de observación de la propia realidad violenta en que nos encontramos inmersos, es parte indispensable de la propia metodología del aprendizaje de la paz, en consecuencia no se puede olvidar que para ganar la credibilidad de la comunidad científica en la fase histórica de la globalización debe visualizarse desde el enfoque holístico o sistémico y como tal debe acudir a la interacción de varias disciplinas científicas comprometidas seriamente en el descubrimiento de la paz.

2. Generar procesos de reaprendizaje e interiorización de valores, que conduzcan a descubrir y construir nuevas pautas sociales, nuevas actitudes y nuevos comportamientos.

   Persiste en muchos educadores y docentes de sociales, el enfoque tradicional de formar sólo conceptos lógico-lineales en sus estudiantes y esto de por sí ya es un obstáculo para la formación de nuevas actitudes, comportamientos y pautas sociales.

   La experiencia ha demostrado que si no se interiorizan los valores y entre ellos el que nos incumbe, el de la paz, a través de métodos no convencionales, es imposible aspirar a formar nuevas actitudes en los(as) estudiantes o participantes de un proceso educacional.

3.   Desarrollar métodos, técnicas y metodologías acordes con la realidad sociocultural de las comunidades y pueblos, de tal manera que se produzcan intercambios culturales fluidos.

A menudo también se conocen muchos casos de docentes y profesores(as) que abusan de manera mecánica de una u otra técnica o método y la aplican de manera indiscriminada en una u otra región en uno u otro curso y esta actitud también parece que es errática.

Las ciencias sociales y humanas en el postmodernismo, han desarrollado el concepto de la "diversidad cultural", "El multiculturalismo" y el "pluralismo" hasta el punto razonable de hacernos entender el "respeto" y la "tolerancia" por las opiniones diferentes a las nuestras, como valores reconocidos universalmente, de tal manera que se requiere ir más allá de la simple formalidad académica para indagar el espacio cultural en que nos encontramos y en consecuencia crear nuevas realidades de consenso con los(as) estudiantes de acuerdo a su propio imaginario.

Lo que implica pensar en la importancia de ser flexibles a la hora de aplicar cada técnica y cada método de acuerdo con la realidad cultural, a la edad de los estudiantes, al tratamiento del tema, mediante un pensamiento flexible en el tratamiento metodológico y de manera prioritaria en la planeación del currículo educativo.

4.   Producir hechos de paz y no violencia de manera sistemática y planificada:

Comenzar por los cambios internos en nosotros, nuestros estudiantes y nuestras familias como primera fase en el largo camino de la reconstrucción externa de la armonía social, lo que implica:

a.   Generar una nueva actitud y un nuevo comportamiento social y la apertura de nuevos canales para hacer de la escuela un campo neutral ante el conflicto armado.

b. Desarrollar la conciencia no violenta entre los niños(as), jóvenes, entre los profesores, entre éstos y aquellos y de éstos con los padres de familia, para ello se dice, lo que vale es el ejemplo y la nueva actitud del profesor, antes que el discurso o la oratoria con sus estudiantes sobre la paz.

De esta manera, se estará contribuyendo desde la labor pedagógica, social y política a la construcción de la "cultura de la paz".

La construcción de la paz a través de los valores éticos y de los derechos humanos

La paz es un valor ético, pero a la vez también es un derecho humano fundamental tal como se ha explicitado. Analizada y aplicada como valor ético dentro de nosotros mismos, requerimos redefinirla y redimensionarla en espacios globales puesto que es imposible fraccionarla en partículas geográficas o en formas reducidas de interpretación cultural, dado que es un valor ético universal aceptado y definido como primordial por todas las culturas vivas del planeta.

Que la historia conozca, ningún pueblo o nación ha definido la paz como un bien no necesario y éste es el primer consenso o conclusión a la que queremos llegar, la importancia de una visión y una acción por la paz planetaria.

No existe otra alternativa para la especie humana que universalizar un mínimo ético, unas reglas del juego que nos unifiquen a todos y en la que todos estemos en acuerdo. Este podría ser el comienzo en el nuevo Milenio, de una nueva era anunciada desde hace mucho tiempo por muchos profetas como la edad de oro de la humanidad.

Se trata de una civilización con conciencia planetaria que rompe con el pasado absurdo de la violencia y las guerras representado en arquetipos simbólicos, en mitologías y valores tradicionales y se decide a transitar por la senda del cambio y la transformación permanente de las estructuras mentales, sociales, económicas, políticas y culturales, donde el centro de atención es definitivamente el rescate del ser humano para la vida en paz y la felicidad como especie.

Trascender la identidad territorial y los nacionalismos equivale a que cada uno de los habitantes de la tierra sea capaz de identificarse, de unirse a todos los demás que en esencia son él mismo y en consecuencia al planeta que es nuestra cuna, para comenzar a crecer y a transitar los caminos de la conciencia hasta visualizar y penetrar la vía láctea.

Esta nueva mirada busca entender mejor la complejidad del sistema de relaciones humanas con sus quiebres y complementos, para luego encontrar un código de conducta ético universal.

> *Una ética de corresponsabilidad planetaria que tenga en cuenta los efectos de cuanto hacemos para nosotros y las futuras generaciones, buscando un mínimo de valores que podamos compartir y defender todas las sociedades sin imposiciones, con sus correspondientes responsabilidades que puedan ser traducidas en normas exigibles. Bajo este empeño que en buena medida parte del estudio de las tradiciones religiosas del mundo, en los últimos años se están realizando encuentros y estudios por todo el mundo.*

Vicente Fisas. p. 330. 1988.

El objeto de la ética como ciencia de la filosofía, es buscar el mejoramiento de las condiciones de vida de la gente y la armonización de las relaciones en las comunidades y culturas

En tal perspectiva el consenso sobre los mínimos éticos, debe significar la ética de la justicia, la cual sería la encargada de justificar las condiciones necesarias para una convivencia pacífica. También la ética de la tolerancia como la posibilidad del respeto de la dignidad humana y la integridad de todas las personas.

Finalmente, la paz y la no violencia como valores universales, ayudarían a consolidar el basamento de la "cultura de paz".

> *Desde la perspectiva religiosa, el consenso sobre valores éticos universales se basa en los siguientes conceptos básicos que configurarían la cultura de la paz: la no violencia, la tolerancia, el diálogo, al comprensión mutua y la justicia, expresados como*

: el amor, al compasión, la solidaridad, el perdón, la caridad y la equidad.

Unesco. p. 161. 1995.

Para la ciencia de la espiritualidad, que practica el Surat Shabd Yoga, que se basa en la práctica de la "Meditación" en su búsqueda de la paz interna; los valores éticos esenciales sobre los cuales se basan todas las corrientes religiosas y culturas existentes sobre el planeta son: *El amor, la no violencia, el servicio a los demás, la humildad y la castidad.* Los cuales traducidos al lenguaje moderno de los derechos humanos significan: la solidaridad, la no violencia, la paz, la transparencia, la democracia y la justicia.

La paz como derecho humano, es un concepto similar pero se funda en la normatividad del derecho positivo. Al constituirse como pieza fundamental del ejercicio de la paz, los derechos humanos se deben traducir en normas de comportamiento e instrumentos jurídicos de protección para las personas y los pueblos.

En el último medio siglo la humanidad se ha dotado de importantes mecanismos de derechos humanos los cuales se pueden sintetizar en tres categorías:

1. Los derechos civiles y políticos (contra el abuso de poderes arbitrarios y las diversas formas de dictadura, para limitar las competencias del estado, para garantizar la libertad de los ciudadanos, etc).

2. Los derechos sociales, económicos y culturales. Exigen para su cumplimiento que se abandone el papel pasivo del estado para convertirse en guardián de garantías mínimas que la persona requiere para ejercer a cabalidad las funciones derivadas de la condición humana (derecho al trabajo, a la educación, a la seguridad social, al acceso a fuentes de cultura, etc).

3. Derechos de tercera generación: derechos derivados de la fraternidad, de la solidaridad, derecho a la paz, derecho al medio ambiente sano, derecho al desarrollo. (Ver anexo No.2).

Como se sabe, algunos de los valores que el proceso de socialización contribuye a interiorizar en nuestras sociedades como el etnocentrismo, la competitividad, el individualismo, el nacionalismo exacerbado, la intolerancia, el afán de lucro y el consumismo, son precisamente los anti-valores que se hace necesario transformar.

Esto, por cuanto la educación pacifista se preocupa además por formar un sujeto integralmente formado, profundamente preocupado por su propio mejoramiento, pero también por el desarrollo de las condiciones económicas, sociales, políticas y culturales de los habitantes de su región o comunidad.

Lo cual significa también el aprendizaje de la paz como derecho humano. La pedagogía vista desde este ángulo, se preocupa por la economía y por el conjunto de las ciencias sociales que confluyen en el desarrollo de los educandos. Ningún problema humano le será indiferente al educando y al educador para la paz.

El nutriente para la enseñanza-aprendizaje de los derechos humanos se encuentra en la vida diaria de la escuela, y en la propia realidad socioeconómica del país. El método exige la práctica constante y la toma de conciencia de nuestro objetivo que es hacer a los alumnos(as) concientes y creadores de su propio destino. Enseñanza-aprendizaje que exige también aprender a escuchar, a aceptar las ideas de los demás, a compartir, a responsabilizarse de tareas comunes.

La escuela puesta al servicio de la paz y del aprendizaje de los derechos humanos debe estar al servicio de una nueva sociedad que permita el aprendizaje práctico de las libertades y de las responsabilidades por medio de la experiencia o la vivencia y estimule el experimento como factor de desarrollo investigativo científico.

Una sociedad libre de presiones y manipulaciones, donde sus integrantes puedan manifestarse pacíficamente en las calles sin ser sometidos a represión por parte de las fuerzas de seguridad del Estado. Además porque los valores y los derechos humanos son constitucionales y deben ser respetados por todos.

Una pedagogía de este tipo no puede basarse sólo en las recomendaciones de buena fe que se haga a los estudiantes, sino que debe estar cargada de acciones prácticas en función de la aplicación del conocimiento teórico.

Construyendo un currículo

En este contexto escolar, se ha concluido por parte de varios especialistas, como A. Magendzo que:

> *la paz debe ser tratada en el currículo de manera transversal e integral.*

> Magendzo Abraham. p. 39. 1993.

Pero también de manera simultánea –sugiere la Unesco–

> *deben promoverse nuevas asignaturas que den cuenta de la historia y los logros en términos evolutivos materiales y espirituales de las culturas pacíficas y no violentas en el conjunto de la humanidad, que realice estudios comparativos entre ellas.*

> Unesco. 1998.

En cuanto a los contenidos –Johan Galtung– propone un enfoque que mantenga unida la investigación, la educación y la acción. De ello se desprende que se buscan objetivos a largo plazo, que combinen la sensibilización e información con el desarrollo de las potencialidades personales y la formación de seres humanos capaces de comprometerse y oponerse a toda forma de violencia.

> *De esta manera se debe suponer que la escuela contribuye a la generación de espacios sociales distensionantes y neutrales ante el conflicto armado, y a configurar la "cultura de la paz".*

> Johan Galtung. p. 7. 1987.

En tal sentido, los componentes programáticos de un currículo para la paz podrían ser: los derechos humanos, los valores éticos, las técnicas para la no violencia, la transformación de conflictos, el desarrollo de los pueblos, el interculturalismo, el internacionalismo, el desarme militar, el desarrollo humano, la sicología transpersonal, la sicología de la conciencia, la pedagogía social, la neurofisiología, la astronomía, la física cuántica, la economía política, la desobediencia civil a las leyes injustas, el holipacifismo, las terapias alternativas, las técnicas yogas de meditación y relajación, el estudio comparado de culturas y religiones, entre otras.

Los programas, en últimas, tendrían que respetar un equilibrio entre el desarrollo del cuerpo físico; las facultades mentales como el intelecto, la creatividad, la imaginación y las virtudes espirituales expresadas en valores éticos.

Cada asignatura sería enfocada según el papel que juegue o tenga que jugar en la vida social la persona, según su utilidad en el sentido más amplio de la palabra, que es tanto ética, como estética, como socialmente humana.

En todas las asignaturas se deberá estimular la curiosidad natural del (la) estudiante y de cultivar el diálogo desarrollando los interrogantes propios de su curiosidad.

El conocimiento científico de los diversos aspectos (sociológico, económico, político, psicológico.) del fenómeno de la guerra podría contribuir a enriquecer los elementos constitutivos de esta pedagogía, además de una información creciente y un mejor conocimiento de los grandes problemas internacionales como el hambre, la superpoblación, la discriminación el racismo, el subdesarrollo, las infracciones a los derechos humanos, la catástrofe ecológica, problemas del desempleo y del desarrollo, aportarían temas de reflexión que podrían desarrollarse en común, con la perspectiva de una búsqueda constante de nuevos interrogantes y nuevas soluciones.

Dimensiones del trabajo de la pedagogía para la paz

La pedagogía para la armonía social, entonces posee en su haber campos múltiples de acción o dimensiones de trabajo que se deben considerar a la hora de construir un currículo, ellas se podrían clasificar de la siguiente manera:

Dimensión del desarrollo de la afectividad

Promover:
- El gozo de la creación y no la resignación.
- El ánimo emprendedor y no la quietud.
- La eficacia y no la vanidad del esfuerzo humano.
- El derecho a equivocarse y no la culpabilidad.
- El descubrimiento y la creatividad no la reproducción.
- La propia realización y no el espíritu de recompensa.

Dimensión de las facultades intelectuales y de la ética

Poner de relieve:
- El pragmatismo y no la teoría.
- La evolución y la adaptación y no el inmovilismo.
- Las creencias múltiples y no el dogma.
- La acción benéfica y no la moral codificada.

Dimensión de la estructura social

Se debe realzar:
- El valor de la persona y no los valores consumistas.
- La iniciativa y no la autoridad represiva.
- La responsabilidad y no la obediencia pasiva.
- La descentralización y no la centralización.
- Las estructuras dinámicas y no la jerarquía oficial.
- La función que cumplir y no el poder.
- La transformación positiva de conflictos y no el rechazo a los conflictos.

Dimensión de la convivencia

Se trata de privilegiar:
- La persona humana en el grupo y no el individualismo.
- La interdependencia y no la independencia.
- La confrontación de ideas y no el servilismo ciego.
- La tolerancia y no la uniformidad.
- La expansión del ser y no el prestigio personal.
- La confianza en los otros y no la soledad.
- La cooperación y no la competencia.

5

El aprendizaje
de la paz interior

Puesto que las guerras nacen en la mente de los hombres, es en la mente de los hombres donde deben edificarse los baluartes de la paz.

Unesco.

Referencias histórico filosóficas

Acudir al referente de la paz interna, es acudir al expediente más antiguo que existe sobre la cultura de la convivencia; y tratándose del análisis que nos debe conducir al desarrollo de una pedagogía y una "cultura de paz", es a la vez obligatorio hacerlo, ya que significa hacer uso de un instrumento válido y eficaz a la hora de enfrentar los necesarios cambios actitudinales.

El concepto de paz interna, es un concepto eminentemente ético, que pertenece al ámbito interior del ser humano. A la introspección o inmersión del individuo en su conciencia y en el mundo mental y espiritual para reconocerse autoanalizarse y autorrealizarse. Mediante el método introspectivo muchos pensadores crearon doctrinas y escuelas y muchos científicos e inventores hicieron sus descubrimientos, proponiendo a sus congéneres formas de vida y estar sobre la tierra armoniosas y justas.

Sus fuentes filosóficas y teóricas se encuentran fundamentadas en la sabiduría del Oriente y en la Grecia antigua, aunque también en la sabiduría y cosmogonía indígenas de América, para quienes todas las cosas y los sucesos están interrelacionados y no son sino diferentes aspectos o manifestaciones de una misma realidad última.

Las más importantes corrientes filosóficas y religiosas que desarrollaron este concepto son: el Hinduismo, el Budismo, el Jainismo, (India, Japón, Tahilandia) el Taoísmo, el Confucionismo (China) el Zoroastrismo, (Persia) el Judaísmo, y el Cristianismo, (Israel, Italia, América, Europa) El Sufismo (Irán, Turkía). En América fueron los Mayas, los Muiscas y los Incas quienes desarrollaron esta cosmogonía.

Desde los orígenes de la civilización, la adoración del hombre ario se dirigió hacia el sol como fuente de la luz, del calor de la vida. Pero cuando el pensamiento de los sabios se elevó del fenómeno a la causa, concibieron detrás de ese fuego sensible y de esa luz visible un fuego inmaterial y una luz inteligible. Identificaron al primero con el principio masculino, con el espíritu creador o la esencia intelectual del universo, y a la segunda con su principio femenino, su alma formadora, su sustancia plástica.

Dicha intuición se remonta a tiempos inmemoriales. Circula en los himnos védicos bajo la forma de Agni, el fuego universal que penetra todas las cosas, se expande en la religión de Zoroastro, donde el culto de Mitra representa la parte esotérica. Zoroastro dice formalmente que el eterno creó por medio del verbo viviente, la luz celestial simiente de Ormuz, principio de la luz y el fuego materiales. En las criptas de Egipto, los iniciados buscaron ese mismo sol bajo el nombre de Osiris. Cuando Hermes pide contemplar el origen de las cosas, pide sentarse y después sumergirse en las ondas etéreas de una deliciosa luz donde se mueven todas las formas vivientes. Después hundido en las tinieblas de la espesa materia, "escucha una voz y y reconoce en ella la voz de la luz."

Moisés en el Génesis: Alehoim dijo: "Hágase la luz y la luz se hizo. Ahora bien, la creación de esta luz precede a la del sol y las estrellas. Ello quiere decir que en el orden de los principios y de la cosmogonía, la luz inteligible precede a la luz material.

Los Griegos que dieron forma humana a las ideas más abstractas y las dramatizaron, expresaron las mismas ideas en el mito de Apolo Hiperbóreo.

La paz interna, obedece a un pensamiento milenario que el espíritu humano ha desarrollado acerca la contemplación interna del universo desde el punto de vista del alma y de la inteligencia, llegando a concebir una luz inteligible, un elemento imponderable que sirve de intermediario entre la materia y el espíritu.

Sería fácil demostrar como los físicos modernos se acercan ostensiblemente a la misma concepción por un camino opuesto, es decir buscando la constitución de la materia y viendo la imposibilidad de explicarla por sí misma.

A lo largo de la historia de ha considerado que la mente humana es capaz de dos tipos de conocimiento, o dos formas de conciencia, a las que con frecuencia se han denominado como racional e intuitiva, y que tradicionalmente han sido asociadas respectivamente con la ciencia y la religión.

La sicología y la neurofisiología lo han clasificado como cerebro racional y cerebro emocional, cada parte con funciones especializadas.

En occidente, el tipo de conocimiento intuitivo y religioso con frecuencia es relegado a un segundo plano o desconocido por completo para favorecer al conocimiento racional y lógico-lineal, mientras que la actitud Oriental es justamente la contraria.

En Oriente, los valores atribuidos a ambos tipos de conocimiento no son claramente indicados por los nombres que se les da: los Upanishads por ejemplo, hablan de un conocimiento "inferior" y de un conocimiento "superior". Al primero lo asocian con las diversas ciencias y al segundo con la conciencia mística.

Los budistas hablan del conocimiento "relativo" y conocimiento "absoluto". La filosofía China siempre ha señalado la naturaleza como complementaria de lo intuitivo y racional, representándolo con la pareja arquetípica yin y yang, que constituyen la base del pensamiento Taoista.

Las corrientes filosóficas introspectivas que surgieron en Grecia, cuatro siglos antes de Cristo, pugnaron primero por el conocimiento de sí mismos para posteriormente conocer el mundo externo. "Dios está dentro de ti". "tu cuerpo es el templo de Dios," "–conócete a ti mismo"– "se necesita saber quienes somos y para donde vamos", sostenían de manera sistemática entre otros, Pitágoras, Sócrates, Platón y Séneca.

Tanto Egipcios, Sumerios, como Cristianos, Chinos, Judíos, Hindúes y Griegos y muchas otras culturas antiguas han hablado de principios y valores humanos como la paz, la verdad, la igualdad, la solidaridad, la justicia, la no violencia, la humildad, el servicio desinteresado y la felicidad; la mayoría de valores éticos aún reconocidos como válidos por el pensamiento moderno y postmoderno. La Declaración Universal de los derechos humanos y la normatización de estos en la mayoría de las Constituciones de los países miembros de las Naciones Unidas, así lo demuestra.

El conocimiento racional se forma con las experiencias que tenemos de los objetos y los sucesos de nuestro entorno diario. Pertenece al reino del intelecto, cuya función es la de discriminar, mediar, comparar, dividir, categorizar. De este modo, creamos un mundo de distinciones intelectuales, de opuestos, que sólo pueden existir en relación unos con otros, siendo esta la razón por la que los budistas e hinduistas, llaman este concepto "relativo".

Constituye así un sistema de conceptos y símbolos abstractos, caracterizado por una secuencia lineal y secuencial, típica de nuestro modo de pensar y de nuestro hablar. En la mayoría de idiomas esa estructura lineal se evidencia en el uso de alfabetos que sirven para comunicar experiencias y pensamientos mediante larga línea de letras.

Fritjof Capra. p. 39. 1983.

Pero el mundo de la naturaleza es un mundo de infinitas variedades y complejidades, un mundo multidimensional que no contiene líneas rectas ni formas absolutamente regulares, donde las cosas no suceden en secuencias lógicas sino todas simultáneamente, un mundo que nos dice la física moderna –donde incluso el espacio vacío es curvo–. Es evidente que el sistema de pensamiento racional nunca podrá llegar a comprender tal realidad.

Curiosamente estas corrientes se han transformado con el paso del tiempo en verdaderas culturas y civilizaciones con gran predominancia, económica, política, cultural y militar en el planeta.

En algunas de éstas, principalmente las desarrolladas en el Asia Central, se desarrollaron múltiples escuelas de pensamiento y derivaciones de ellas, constituyéndose en multitud de sectas y doctrinas, pero quizás las que se desarrollaron con mucha mayor fuerza y tienen gran aceptación por la ciencia occidental son aquellas que enseñaron diferentes técnicas "yogas" y de "artes marciales". En el presente estudio trataremos solamente dos: la "meditación" y la "relajación".

La "meditación" y la "relajación", son dos técnicas que provienen de las escuelas Vedanticas, las cuales según sugieren los maestros espirituales: "van desarrollando cambio de actitudes y ampliación de la conciencia si se practican constantemente" y en últimas, van creando métodos y técnicas no violentas para abordar los conflictos cotidianos.

> *Abandonando su cuerpo,*
> *a la puerta de los sueños,*
> *el espíritu contempla,*
> *al despertar sus sentidos*
> *que dormitan entre tanto;*
> *y tomando su luz propia,*
> *vuelve luego a su morada*
> *ese espíritu radiante,*
> *el cisne imperecedero*
> *que eternamente*
> *divaga.*

Los Upanishads. p. 131. 1976.

La revolución pacífica del Mahatma Gandhi en la India, fue inspirada en los principios esenciales Hinduistas y Budistas de la "meditación" y en la aplicación práctica de la "no violencia".

No de otra manera se puede entender cómo un líder sin armas, era capaz de ayunar meses enteros y con esta práctica lograba hacer cambiar las decisiones del gobierno de la India controlado por el imperio Inglés. O el poder y la fuerza vencedora que representaban las masas de Indios desarmadas ante un ejército armado hasta los dientes que no podía penetrar el campo rival por temor a su propia conciencia.

La fuerza espiritual, a la que Gandhi comparaba como más poderosa que una bomba atómica sólo se puede entender practicándola a diario, es decir vivenciándola y haciéndola parte de su estructura mental y espiritual al lograr la armonía consigo mismo y con la naturaleza.

El concepto de paz interna

La paz interna se puede definir como un estado de la mente y del espíritu humano que surge en instantes específicos en que el cuerpo se armoniza con su sistema neuronal, equilibrando todos los sistemas internos del organismo, (nerviosos, endocrinos, vasculares, respiratorios, etc.)

> *La conciencia normal consiste en ondas beta que vibran entre 14 y 20 hertzios. Las ondas beta se producen cuando estamos concentrados en las actividades diarias del mundo externo, y también cuando experimentamos emociones negativas fuertes. La calma y la mayor percepción o conciencia se caracterizan por ondas alfa cuyo ciclo de frecuencia va de 8 a 13 hertzios. Los períodos de máxima actividad, meditación y sueño, se caracterizan por ondas theta, que oscilan entre 4 y 7 hertzios. Cuando más lentas son las ondas cerebrales, más relajados, satisfechos y en paz nos sentimos.*

Don Campbell. p. 76. 1998.

Cuando existe el equilibrio, desaparece la contradicción mental, entonces se genera la unidad interior y la unidad de los contrarios en otros términos es la paz.

La paz interior es una rama de la investigación científica que surge cuando las ciencias sociales económicas y políticas no dan una respuesta satisfactoria a los problemas de la violencia y de la paz en toda su complejidad y dimensiones. Posee un campo de acción que estudia tanto el microcosmos como el macrocosmos y como tal, es infinito.

Nuestra tendencia a dividir el mundo, el que percibimos como cosas individuales y separadas y a vernos a nosotros mismos como egos aislados, se considera como una ilusión creada por nuestra mentalidad inquisidora, medidora y clasificadora. En la filosofía Budista a esta acción se le denomina como ignorancia y es considerada como un estado mental confuso que debe superarse:

> *Cuando la mente está confusa se produce la multiplicidad de las cosas; sin embargo cuando la mente está tranquila, desaparece la multiplicidad de las cosas.*

> D.T. Suzuki. 1990.

Bajo esta perspectiva, la paz es ante todo una actitud de tranquilidad y calma para observar las cosas y vivir los acontecimientos, actuando sobre ellos sin dejarse afectar y con la posibilidad real de transformarlos en sentido positivo y para el beneficio de la colectividad donde se actúa.

No es necesario hablar y convencer a otros de la paz. Hay que hacerla dentro de nosotros mismos y poco a poco esta paz interior irá contagiando a las familias, los vecinos, las comunidades y al conjunto de la sociedad, al país y al mundo. Es un proceso centrípeto de fuerzas con un poderío enorme, comparable a la energía que produce una central nuclear o a la fusión natural química del hidrógeno, oxígeno y helio, que generan los relámpagos en una tempestad.

En términos sociológicos, la unidad conquistada a través del amor o la sinergia, es tan poderosa que puede cambiar y transformar las más discímiles situaciones políticas.

Paz, unidad y amor son sinónimos de un mismo estado mental y espiritual, de un estado de armonía y felicidad total donde no existen factores perturbadores de la calma natural.

Observemos la naturaleza cuando duerme con el caer de la tarde, ella está quieta, está calma, igual sucede con el cuerpo humano, cuando dormita, se encuentra quieto y calmo a nivel sensorial y aunque se mantiene la actividad mental ésta se encuentra en niveles de vibración bajos.

Por tanto, uno de los objetivos de esta nueva rama de la ciencia de la paz es enseñar procesos autónomos de autorregulación y autoconciencia, los cuales se inician con el aprendizaje del control de la mente para aquietarla, de esta manera el ser humano se acerca a la unidad interna, desapareciendo la dualidad y la separación mecánica entre la teoría y la práctica o lo que los psicólogos y psiquiatras han denominado "la esquizofrenia", esa disfunción cerebral caracterizada como uno de los males del siglo XX.

En las últimas décadas muchas personas están concluyendo lo mismo que los santos y místicos del pasado. La gente está explorando la "meditación" como medio de encontrar la paz y felicidad en su interior. Los estudios en el campo de la ciencia están confirmando que "la meditación" puede mejorar nuestro bienestar en los campos físico, mental y espiritual.

"La meditación" ha sido prescrita por médicos y especialistas como tratamiento para una cantidad de enfermedades relacionadas con el estrés tales como afecciones al corazón, dificultades respiratorias y problemas estomacales.

Un estudio médico publicado por el diario Canadiense de psiquiatría en Octubre de 1989, declara:

> *Estudios controlados, han encontrado reducciones consistentes de la ansiedad en meditadores. Varias condiciones relacionadas con el estrés han demostrado mejoría durante los ensayos clínicos de meditación incluyendo la hipertensión, el insomnio, el asma, el dolor crónico, las taquiarritmias y la ansiedad fóbica.*

Mientras meditamos nos olvidamos del cuerpo. Todas las partes del cuerpo llegan a relajarse completamente. Mientras estamos concentrados en meditación, perdemos la conciencia de cualquier dolor o incomodidad del cuerpo. Entre mayor tiempo pasemos en meditación, más tiempo permanece relajado nuestro cuerpo. Se dice que una hora completa de meditación equivale a cuatro horas de sueño. De tal manera que vamos a la vida cotidiana y a nuestras tareas cotidianas con renovada fortaleza y vitalidad.

Sant Rajinder Singh. p. 12. 1998.

La "meditación" se está utilizando en el campo de la medicina también para reducir una variedad de problemas que afectan mental y emocionalmente a las personas.

Aunque la ciencia nos ha ayudado a dominar y controlar el ambiente físico, muchas personas se encuentran a sí mismas sin ningún control sobre situaciones que surgen a su alrededor originados por las relaciones interpersonales. Ellas, son perturbadas como hemos visto, por la ansiedad, la depresión, la ira, el temor, la falta de autoestima y una variedad de condiciones emocionales.

Es muy importante que el sistema educativo intervenga de manera positiva en darle solución a la patología crónica generada por estas enfermedades de origen sicosomático.

El empleo de la técnica de la "meditación" como parte del currículo en el sistema educativo podría ayudar sustancialmente a solucionar estos males que padece la población y que la ciencia con todos sus adelantos no ha podido dilucidar satisfactoriamente.

Los estudios sobre el cerebro humano que se encuentran bastante avanzados en Estados Unidos y La Unión Europea, vienen demostrando como en esencia:

...el cerebro izquierdo controla las facultades del habla, la escritura y la capacidad matemática, lógico y racional; y opera por medio de un riguroso análisis de los problemas que se le plantean. Por su parte, el hemisferio derecho controla la facul-

tad de ver en tres dimensiones, el sentido de la orientación y el talento musical; es perceptivo, intuitivo e imaginativo, y percibe los objetos como un todo o en series en lugar de analizarlos lógicamente como hace el hemisferio izquierdo.

C. Rayner. p. 83. 1985.

Según las modernas teorías psicológicas neurofisiológicas:

La emoción y el intelecto son dos mitades de un todo ...Ello significa que la inteligencia emocional contribuye a la inteligencia racional y viceversa. Por esa razón fisiológicamente, cuando los centros emocionales de nuestro cerebro resultan dañados, nuestra inteligencia global se estropea.

Jeanne Segal. p. 20. 1997.

Esta realidad ha sido demostrada a través de la imagen que las tecnologías entregan a los médicos sobre el funcionamiento del cerebro, las que sugieren que los dos lóbulos que tradicionalmente ha separado la lógica occidental, en realidad dependen uno del otro.

Sobre este base científica se ha construido la siguiente hipótesis:

"Mediante la técnica de la 'meditación' ejercitada de manera continua como una rutina, se logra al cabo del tiempo el equilibrio entre los dos hemisferios; y el equilibrio como ya se ha dicho, representa la unidad interna o la asociación de todos los circuitos neuronales, armonizando en consecuencia todo el organismo y generando los cambios internos".

Nadie, hoy duda que la educación juega un papel trascendental en el aprendizaje de valores, entre los cuales el de la paz, debe contribuir a formar nuevas pautas sociales, nuevas actitudes y nuevos comportamientos.

Esta nueva realidad, sólo es posible mediante la configuración y la implementación de una estrategia global por la paz la cual va a transformar el imaginario al propio estudiante y su quehacer en el mundo y como tal debe contribuir a conformar un pensamiento global y una conciencia holística en ellos, ayudando a superar los desajustes estructurales, intelectuales y emocionales en los espacios físico, mental y espiritual pero fundamentalmente en el campo de la conciencia donde se requiere actuar con premura a fin de llenar el vacío ético existente.

Metodología experimental para el aprendizaje de la paz

Tradicionalmente los educadores(as) hemos asumido nuestro papel, quizás no muy conscientemente de los resultados que obtenemos diariamente con nuestros métodos de enseñanza, mediante la rutina de "dictar la clase", de enseñar de memoria un texto y de obligar al estudiante a sacar una buena nota, aún a costa de pisotear su dignidad humana.

Este tipo de educación de corte autoritario y vertical, debería ser reemplazado de nuestro sistema educativo, ya que sus resultados se ven a simple vista, en el tipo de sociedad violenta que tenemos.

En cambio se pueden proponer métodos y didácticas de tipo horizontal y democráticas que tengan en cuenta ante todo al ser humano y no al autómata que recibe información mecánicamente sin posibilidad de pensar y mucho menos de actuar creativa y críticamente.

Para educar en la paz, con mayor razón es necesario llegar al estudiante con un enfoque integrador de tipo holístico, que desarrolle métodos y técnicas de tipo vivencial y experimental, como garantía del autoaprendizaje. Acompañado y como consecuencia de la aplicación de éstas, se requiere la introspección del conocimiento, con la intención de formar actitudes susceptibles de ser compartidas y socializadas, de tal manera que se puedan revertir nuevos niveles de conocimiento científico en el plano espiritual.

La configuración de una metodología experimental, parte del reconocimiento de la existencia de los tres campos del conocimiento hasta ahora determinados por la ciencia:

1.   El campo físico o material, cuyo instrumento de búsqueda son los sentidos (tacto, oídos, vista, olfato, gusto) a través de un tipo de investigación empírica.

El campo físico es entendido como el mundo material perceptible a nuestros sentidos. Incluye desde la teoría del conocimiento, todas la ciencias que estudian la materia y la energía.

Todos los seres humanos han evolucionado de manera similar para seleccionar aspectos comunes al entorno físico: poseemos ojos que reciben energía electromagnética; oídos que reciben y escogen las vibraciones mecánicas del aire; una nariz que contiene receptores para las moléculas gaseosas; sensores especializados en el tacto, y una compleja espuma de células que irrumpen en la lengua para responder a las moléculas de los alimentos, proporcionándonos el gusto.

R. Orstein. P. 55. 1993

2.   El campo mental o simbólico, con el instrumento del análisis, el raciocinio y la reflexión, mediante un tipo de investigación empírico-analítica y la formación de la conciencia.

El espacio mental es definido como el que se mueve al interior del cerebro humano y se encuentra compuesto por las actividades mentales electroquímicas, las cuales incluyen el mundo simbólico de los sueños, del pensamiento el raciocinio, el lenguaje lógico, la reflexión y del análisis teórico científico sobre el funcionamiento de la psiquis humana.

3.   El campo contemplativo o espiritual, con los instrumentos de la intuición, la creatividad y la contemplación, mediante una investigación fenomenológica.

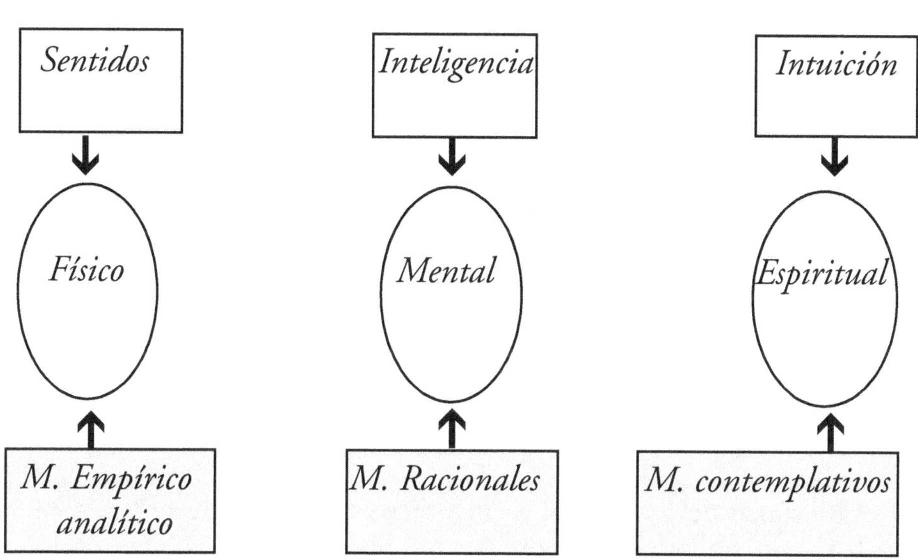

Pese a que la investigación científica sobre este campo se encuentra aún en ciernes, se han logrado algunos avances sobre todo desde la física cuántica y algunos acercamientos interesantes de filósofos que a la vez son fisiólogos, biólogos o siquiatras los cuales han llegado a identificar las teorías científicas con el misticismo Oriental, mediante ellas se ha podido determinar que el asiento del espíritu se encuentra ubicado es un espacio interior ubicado por encima del cerebro humano y cuya puerta perceptiva se encuentra exactamente en medio y detrás de las dos cejas.

Es un mundo compuesto por energía sutil que llega al cerebro a través de vibración, luz y sonido el cual puede ser percibido en ondas de frecuencia *theta* a niveles de entre 4 y 7 micro voltios.

Aquellos que han logrado la maestría en el Surat Shabd Yoga, enseñan que el absoluto, aunque libre de atributos en su estado primario, se proyecta en forma y asume dos formas primarias: la luz y el sonido. Ellos señalan que no es por simple accidente que en la literatura reveladora de las principales religiones del mundo se hallen frecuentes referencias al "verbo" o " "palabra", que ocupa una posición central en sus postulados: En los evangelios tenemos:

En el principio era el verbo, y el verbo era Dios.

San Juan.

Los Sufiés Musulmanes declaran:

la creación entró en existencia
por Saut (sonido o verbo)
y de Saut brotó toda la luz.

Shamas Tabrez.

También en el pensamiento Zoroástrico y taoísta hay referencias al "verbo creativo", a la "luz divina" y a la " palabra sin palabras".

Los Maestros del Surat Shabd Yoga dicen que estas referencias sobre la luz y el sonido no son literales, ni obedecen a una iluminación intelectual, sino que se refieren a iluminaciones y sonidos internos trascendentes, los cuales son las manifestaciones primarias de Dios cuando se proyecta en creación. En su estado sin nombre él no es luz ni silencio; pero cuando asume apariencia y forma, la luz y el sonido emergen como sus atributos primarios.

Otro investigador contemporáneo, el mexicano José Argüelles, desarrolla nuevas teorías científicas sobre el cuerpo humano, (hasta ahora clasificadas en la categoría de ciencias esotéricas) mediante la cual demuestra a través de un enfoque holístico, todas las posibilidades que tenemos para potenciar en el interior:

...Ya son bastante conocidos los elementos del circuito que
conecta la vestidura física tridimensional e inclusive el cuerpo
luminoso de cuatro dimensiones. Primero, hay un radar senso-
rio, es decir, los cinco órganos de los sentidos y la mente, luego
están los canales nerviosos que llevan los impulsos eléctricos
desde los órganos de los sentidos hasta el computador central
que es el cerebro, para procesarlos allí; finalmente están los cen-
tros psicofísicos que están asociados con el sistema glandular, y
a los que se conoce con el nombre de chacras, son sus redes por

donde fluye la energía sutil. El circuito es completado por las corrientes sutiles que fluyen como una trasmisión resonante desde el sistema de chakras, directamente a través de las fibras galácticas, hasta las principales corrientes del océano electromagnético, las cuales nos conectan con el plano de los señores y guías solares, y de ahí al sol y al centro galáctico.

José María Argüelles. p. 184. 1987.

La metodología trabaja sobre los tres campos simultáneamente y no solamente sobre dos, como lo hacen los métodos y metodologías tradicionales.

En nuestro caso tiene una gran fuerza determinante el campo contemplativo-espiritual, el cual es cubierto mediante ciertas técnicas yóguicas como la "relajación" y la "meditación", las cuales no deben confundirse con ninguna institución religiosa, ni asociarse a algún culto específico, pues sus objetivos son conectar la mente humana con la conciencia y la super conciencia en un ejercicio de tipo experimental científico.

A partir del sexto chakra, la conciencia penetra en la esfera de lo sutil y comienza a ser auténticamente transpersonal o trascendental. Este proceso se acelera e intensifica al alcanzar el chakra superior, convirtiéndose en supra mental, al entra en los siete niveles que se encuentran más arriba.

Ken Wilber. p. 119. 1994.

El instrumento más importante del enfoque es gnoseológico aunque se acude a la terapéutica para conquistar nuevos estados inducidos de la conciencia. Es desde esta perspectiva que se puede llegar al corazón, al centro de nuestras actividades mentales para desde allí vislumbrar y reencontrar los afectos, los sentimientos y las emociones enterradas por un pasado cruel y violento que en el ejercicio de la guerra, castró la posibilidad de su libre manifestación a la mayoría de los hombres.

De otra parte, la formación vivencial y experimental que facilita un enfoque sistémico y holístico se encuentra basada en tres ejes pedagógicos:

• *La democratización de la vida escolar*

La comunidades educativas, cada día juegan un papel más preponderante en el sistema de relaciones sociales, no solamente por la importancia de los actores en cuanto a que construyen colectivamente y determinan el éxito de un Proyecto Educativo Institucional –PEI–, sino también porque inciden en los procesos democratizadores internos de las instituciones, los cuales a la vez repercuten en las comunidades y regiones. Existen experimentos en Colombia de comunidades educativas que han sabido aislar los factores de la guerra y hacer de la escuela un espacio neutral. (Antioquia, Atlántico, Huila, Valle, Viejo Caldas.)

• *La formación de actitudes a través de la interiorización de valores*

La experiencia ha demostrado que no basta aprender de memoria un texto o repetir mecánicamente un código moral a otras personas para que hagan lo que uno no ha podido hacer.

La pedagogía hoy, debe insistir en la necesidad de encontrar las fuentes de conocimiento y en consecuencia poder demostrar la validez del mismo a través de la viabilidad de su aplicación.

No de otra manera se pueden formar actitudes. Si los conceptos éticos no se llevan a la práctica y si esta nueva actitud en correspondencia no contribuye a cambiar la costumbre y la tradición en la mentalidad de los participantes del acto pedagógico, no habrá cambios reales.

Los procesos de interiorización como se ha visto son determinantes en la pedagogía para la paz y sus detonantes se encuentran en la capacidad didáctica representada en los métodos y las técnicas que debe apropiar cada educador para hacer el tema algo más informal y menos convencional, en un ejercicio eminentemente creativo.

El cambio, estaría dado en el momento en que el educador (a) mediante su acción pedagógica, permanente y paciente, genere la interconexión entre sentimiento y pensamiento y éstos se interrelacionen de tal manera que desparezca la dualidad en el ser humano. Es entonces cuando se elimina el conflicto interno y se da forma al equilibrio entre los dos hemisferios cerebrales, desarrollando procesos de autorregulación en los(las) estudiantes.

Desde luego, que esto significa desenvolver todo un proceso que dura toda la vida y que cuando comienza ya no tiene reverso, porque el estudiante comienza una búsqueda interior que no tiene fin. La eficacia de la metodología depende en un 50% del interés que el(a) estudiante ponga en el tema, así como también de la autodisciplina que logre desarrollar. El 50% restante depende del facilitador.

* *La reflexión sobre la importancia del ser humano como eje central del aprendizaje*

El sistema educativo en Colombia y en general en los países en desarrollo, se ha caracterizado por ser un sistema utilitarista en cuanto que ha convertido el claustro educativo y el aula en un centro de mercadeo de la teoría escrita a granel por especialistas en las diferentes ramas de la ciencia y a los estudiantes en personas que compiten por sacar cada cual la mejor calificación en una loca carrera por el ascenso social y la conquista del mercado laboral, a través de la consecución de un título.

El conocimiento científico desde la perspectiva epistemológica se ha vulgarizado hasta tal punto que una buena investigación es reconocida por la academia como aquella que tiene la mayor cantidad posible de citas bibliográficas acerca de teorías escritas por otros que escriben sobre el mismo tema y que se copian muchas veces mecánicamente; no aquella que respetando las normas metodológicas, plantea de forma creativa nuevos interrogantes a la ciencia y nuevas alternativas técnicas y tecnológicas a las necesidades actuales de la sociedad y el mundo.

El nivel de comprensión de conceptos y principios es muy bajo debido a la imposición de un conocimiento acumulativo que insiste en el aprendizaje mecánico y memorístico de conceptos, teorías y proposiciones que se consideran ser las últimas y únicas verdades sin ninguna posibilidad de controvertir, olvidándose de afectar la conciencia de las personas. Por lo general la teoría que se aprende en el claustro va divorciada de la propia realidad a la cual debe enfrentarse diariamente el estudiante.

En tal escenario, los estudiantes se ven compelidos a la mediocridad sin ninguna capacidad crítica ni creativa para conformar su propio pensamiento y por ende para producir conocimiento.

Las universidades, se han convertido en negocios muy rentables desde la perspectiva financiera, que dejan enormes utilidades a sus dueños, en detrimento de una población cada vez más empobrecida en términos materiales pero con una gran aspiración social de ver a sus hijos encumbrados en el éxito económico.

Las personas ya no cuentan como seres humanos sujetos de la formación. Ahora son simples números en una larga lista codificada en donde cuenta ante todo la capacidad de pagar una matrícula y de acumular datos y cifras de forma mecánica y repetirlos en un discurso superficial sin rima y sin contenido.

Con esta perspectiva gris que proyecta el sistema educativo, la educación para la paz se debería caracterizar de la siguiente manera:

- Por tomar partido en el proceso de socialización a través de la formación de valores éticos que alienten el cambio social y personal.
- Por cuestionar el propio acto educativo, alejándose de la concepción tradicional bancaria, –según la expresión de Paulo Freire–, de la enseñanza como algo meramente transmisivo en que el alumno es un recipiente sobre el que trabaja el maestro-verdad. Es decir, entiende el acto educativo como un proceso activo-creativo en el que los alumnos son agentes vivos de transformación.
- Por educar en los conceptos tanto de la violencia directa como de la violencia estructural, facilitando la aparición de estructuras horizontales o circulares, en todo caso diferentes a las tradicionales autoritarias, no elitistas, que estimulen la capacidad crítica, la desobediencia, el autocontrol, al autoanálisis y la autorrealización personal de los participantes.
- Luchar contra la violencia simbólica, estructural presente en el marco escolar. Ello implica, formar a los formadores en la teoría y práctica de la no violencia, así como la necesidad de construir una nueva estructura de enseñanza-aprendizaje.
- Hacer que coincidan fines y medios. Se trata de llegar a con-

tenidos distintos a través de medios distintos, haciendo del conflicto, del aprendizaje y de su transformación no violenta el punto central de actuación.

- Prestar tanta atención al currículo explícito como al currículo oculto, es decir a la forma de organizar la vida en la escuela. Este ha de ser coherente con los contenidos manifiestos. Como se sabe, el tener que enfrentarse día a día y durante una serie de años a las expectativas y rutinas institucionales de la escuela supone una enseñanza y un aprendizaje de normas, valores, hábitos y disposiciones.

- En síntesis, se podría pensar en combinar investigación, educación y acción, para construir un nuevo tipo de estrategia educativa donde se incida en los procesos de paz tendientes a formar personalidades que luchen por la igualdad, la justicia, la democracia y la participación.

Los tres ejes pedagógicos de la metodología

La formación de actitudes a través de la ineriorización de valores

La democratización de la vida escolar

La reflexión sobre la importancia del ser humano como eje central del aprendizaje

El comportamiento ético del pedagogo(a)

Por lo que se ha dicho, no basta con haber elaborado una excelente metodología si ésta no se guía por profesionales que a su vez lleven una vida ética y tengan la capacidad de trasmitir a sus estudiantes estos mismos valores en la cotidianidad de la vida escolar. En otras palabras no hay que hablar de la paz. Hay que tenerla y experimentarla dentro de cada uno de nosotros.

Esto, por cuanto se ha podido verificar a través de diferentes investigaciones, como el sistema educativo ha estado cruzado por la violencia social e intrafamiliar, lo que hace posible la existencia de métodos educativos autocráticos y verticales. Además porque el vacío ético tiene lugar en todas las esferas sociales; desde las más altas alcurnias, hasta los más bajos estratos sociales se encuentran contaminados por la corrupción y la violencia. Es apenas obvio, que tal contexto cargado de violencia, competitividad y desconfianza, incida en la práctica docente.

Por ello se sugiere que el trabajo de construcción de una estrategia pedagógica, debe exigir a los educadores tener en cuenta los siguientes elementos éticos, necesarios a la hora de abordar el acto pedagógico:

1. Cada niño(a) o joven, es un ser humano muy particular y diferente a los demás que posee su propio temperamento y personalidad. Entendiendo que se requiere ver la diversidad en toda su extensión y profundidad en una aula de clases, nuestro deber entonces, es respetar su fuero interno y contribuir al desarrollo de sus capacidades físicas y mentales en primera instancia. Posteriormente y de manera contundente, estimular sus habilidades creativas y emocionales.

2. Tener capacidad de identificarnos con los estudiantes. Ésto se logra haciendo una abstracción sobre nuestra infancia y pubertad, para comprender qué tipo de mentalidad y espiritualidad es la que habitaba estos cuerpos; y entender en los niños de ahora, cuáles son sus miedos, temores y angustias, así como sus alegrías y placeres.

3.   Contribuir a descubrir la identidad de cada ser humano. Saber demostrar el aforismo griego: "quién soy, de dónde vengo y para dónde voy". Ello nos permitirá destacar cómo algo prioritario establecer metas y objetivos en la vida de los infantes y los jóvenes, a la vez, también desarrollar sus propios valores a través del proceso de interiorización.

4.   Entender que la sociedad se encuentra atravesada por un conflicto permanente, que este es inevitable en el ser humano. La transformación positiva del conflicto sin emplear métodos de agresión ni de violencia, así, como enseñar los métodos y las técnicas para su solución es otra parte importante de la pedagogía para la paz.

5.   La interiorización de valores éticos y humanos reconocidos universalmente por la historia de la filosofía, tales como: El amor y la compasión por toda forma viviente, el servicio desinteresado o ayuda a los demás, la humildad o la modestia y la eliminación del falso orgullo. La verdad y la transparencia en las actitudes, la no violencia y la paz, entre otros.

6.   Pero también los valores culturales, hoy normatizados en los derechos humanos, tales como: la democracia, el pluralismo, la igualdad social, las libertades, la solidaridad, la justicia social, la no discriminación, etc, pueden convertirse en actitudes y por ende transformar los comportamientos humanos, sociales, políticos y culturales de los ciudadanos sobre la base de una correcta metodología de enseñanza-aprendizaje.

El laboratorio experimental como modelo global

Con frecuencia el concepto de laboratorio se emplea para denotar la experimentación científica de procesos en el campo de las ciencias naturales tales como la aplicación práctica de superconductores de alta temperatura, el aprovechamiento de la energía de la fusión atómica, la sustancias químicas inteligentes, o la ingeniería genética. Pero hablar de un laboratorio experimental en el campo de las ciencias humanas suena un poco extraño, y más en el campo de la pedagogía, sinembargo, no debe parecernos nada raro trabajar las ciencias de la educación desde el laboratorio de la vida.

La vida concebida desde una perspectiva holística, donde todas las asociaciones que se propongan y desarrollen desde el aula hagan parte de una vivencia y una experiencia más allá de ella, y se encuentren conectadas hasta el ejercicio de las profesiones en los diversos campos sociales, económicos, políticos o culturales.

En un experimento realizado con adultos de nivel medio tecnológico en la ciudad de Cali en 1988, tuve la oportunidad de observar y constatar cómo la teoría que se impartía durante una conferencia con duración de una hora, era asimilada por éstos en un promedio porcentual del 30%. El 70% de la información restante se perdió o no llegó al sistema sensorial de los participantes.

La observación, se pudo verificar mediante la implementación de un test evaluativo de conocimientos asimilados y un diálogo interactivo con los participantes, lo que permitió descubrir una primera hipótesis de trabajo que serviría de base para la posterior investigación pedagógica que aún continúa en un proceso de experimentación.

"Generalmente sucede un cierto tipo de bloqueo autoprogramado por los propios estudiantes que en muchos casos tienen una desconfianza hacia el conferencista o hacia el tema tratado. Si se les brinda a éstos, medios idóneos para la investigación y la atención sobre el tema que se va a tratar, si se les muestran nuevas perspectivas para el aprendizaje mediante técnicas y métodos didácticos no convencionales que les cause curiosidad y a la vez se sienten aprendiendo algo nuevo, es casi seguro que el nivel de captación de la información podría incrementarse sustancialmente y por ende los niveles de aprendizaje."

Es probable que en un "acto pedagógico", el 100% de la información y conocimiento recibidos durante una hora de clase, haya quedado alojado en el subconsciente de cada estudiante, aunque no se tiene la certeza científica de cómo va a ser su aprovechamiento intelectual. Lo que se sabe es que éste no podrá ser inmediato y no se sabe a ciencia cierta cuándo o en qué momento surgirá de este lugar y se pondrá a disposición de su conciencia para cualquier objetivo práctico.

De la anterior experiencia se infirió la necesidad de ingeniarse nuevos métodos, técnicas y metodologías que hicieran posible la captación y aplicación inmediata del 100% del conocimiento y teoría impartida en una conferencia, un curso, un taller o un seminario.

Una de las preocupaciones grandes de la pedagogía de hoy, después del derrumbe de todos los paradigmas ideológicos y de haberse manifestado en toda su extensión el proceso de globalización; es precisamente encontrar las claves del origen de la inteligencia del pensamiento y del aprendizaje, así como la ampliación de la conciencia para producir el cambio de actitudes en los(las) estudiantes.

Por ello, se recurre insistentemente a ciencias como la biología, la genética, la sicología la neurofisiología y a otras disciplinas de la mente y del espíritu, con el objeto de dilucidar paso a paso el origen, la trayectoria del pensamiento y los mecanismos cerebrales que inciden en ese proceso. También van surgiendo presionadas por las mismas circunstancias, nueva ciencias como la pedagogía social o la sicología pedagógica.

Varios investigadores en el siglo XX entre los que se destacan Piaget y Vigotski están de acuerdo en afirmar lo siguiente:

> *...es una comprobación empíricamente verificada e indiscutible, que el aprendizaje debe ser congruente con el nivel de desarrollo del niño. No es necesario en absoluto, demostrar que sólo a cierta edad puede comenzarse a enseñar gramática, que sólo a cierta edad el alumno es capaz de entender álgebra. Por lo tanto, podemos tomar tranquilamente como punto de partida el hecho fundamental e incontrovertible de que hay una relación entre determinado nivel de desarrollo y la capacidad potencial del aprendizaje.*

Vigotsky. P. 111. 1984

En la perspectiva de plantear nuevos modelos educativos que de manera experimental han mostrado resultados, y sin necesidad de acudir al neoconductismo, para demostrar la posibilidad de que la pedagogía incida en el potencial de aprendizaje y por ende en el cambio de actitud de los(as) estudiantes, me he permitido a partir de esta primera observación elaborada en 1988, traer al texto, el modelo del laboratorio experimental participativo, probado con varios grupos humanos tanto en la educación formal como en la no formal.

Éste es el producto de un sincretismo de experiencias diseñadas mediante proyectos educativos y de investigación realizados con el propio Ministerio de Educación, con profesores(as), niños(as) y jóvenes de primaria y secundaria, con grupos de mujeres, de obreros y sindicalistas, de campesinos en la educación no formal. (ver anexo No. 3).

Se ha demostrado cómo la mayoría de los profesores(as) trabajan con métodos muy rudimentarios resistiéndose muchos de ellos a aceptar los cambios liberadores que propicia la ley general de educación en el campo de la autonomía curricular.

El aula se puede convertir en un lugar agradable donde el estudiante se sienta feliz aprendiendo fenómenos nuevos todos los días y su mente se inquiete y motive ante cada original descubrimiento, obligándolo a continuar en la búsqueda, a través del método científico de la observación, la experimentación, la comprobación y la sistematización.

Por ello, se hace necesario atreverse a innovar, necesitamos ser totalmente creativos, aún más debería pensarse en aulas abiertas en contacto directo con la naturaleza tal como aconsejaba el padre de la pedagogía moderna Juan Jacobo Rousseau, a diferencia de las aulas cerradas que tenemos hoy, similares a prisiones en donde los niños y jóvenes no se sienten a gusto y sólo están esperando que culmine la hora, suene la campana para salir al recreo y para evadirse de la escuela o la universidad.

Para las necesidades del siglo XXI, las aulas desde la primaria hasta las universitarias deberían pensarse además como formas vinculares a la realidad socioeconómica del país y a los requerimientos de formación de seres humanos creativos, analíticos y éticos, que tengan las herramientas suficientes para afrontar la vida en cualquier circunstancia.

Se trata ante todo, de hacer que cada estudiante, sea niño, joven o adulto, aprenda por sus propios medios y de manera autónoma. Que aprenda con su propio cerebro y su propio corazón a partir de su propia experiencia de la vida y no con el cerebro o el corazón de los demás, ni a través de la experiencia de los demás.

En el proceso de aprendizaje de la paz, además de usar el cerebro y aprender la teoría, el estudiante debe aprender algún oficio, en todo caso, se debe enseñar el arte y la ciencia por medio de la formación práctica como vehículo para impartir toda la educación, y no esperar hasta el último semestre del pregrado para hacer una práctica.

Esto implica que a partir del laboratorio de su cuerpo, mente, espíritu y de su entorno físico-material, comienza una aventura del pensamiento por medio del experimento científico que comienza a vivir a partir del propio instante en que ingresa al año lectivo.

El laboratorio experimental es válido aplicarlo tanto para la educación formal como para la educación no formal; puesto que lo que se ha creado es un modelo global de aplicación pedagógica para la paz interior, estado existente en todos los seres humanos indistintamente que sean niños, jóvenes o mayores.

De esta manera, la teoría puede ser aplicada en la realidad y en la vida cotidiana, pues hace parte integrante de las neuronas, del pensamiento, de las emociones, los sentimientos y las percepciones de cada uno de los estudiantes.

> *Este camino de experimentación es en sí una modalidad que tiene el saber de los derechos humanos para construirse. Por consiguiente, es importante rescatarlo, sistematizarlo y sobre todo difundirlo entre todos aquellos educadores que se encuentran precisamente haciendo este camino.*
>
> Abraham Magendzo p. 38 – 1993

Las universidades y centros educativos, así vistos deberían ser polos de construcción del pensamiento científico y de soluciones a los diferentes problemas de la sociedad y de la industria a través de los laboratorios que se construyan desde cada facultad pensando siempre en función de una aplicación práctica del conocimiento.

El procedimiento

El profesor(a) interviene más como un moderador(a) o un facilitador(a) de los procesos físicos mentales y espirituales, ejerciendo el papel de organizar y canalizar de manera sutil los pensamientos, los sentimientos, las emociones y las energías de sus estudiantes.

Ya no impone reglas, ni teorías absolutas, ni verdades finales a la conciencia, como lo hacía en la educación tradicional. Ahora, representa a un estudiante más que en igualdad de condiciones se encuentra aprendiendo como si fuera aún un niño.

Ello, se puede lograr mediante la construcción de procesos metodológicos que tengan en cuenta la interacción grupal, la investigación creativa, la introspección del conocimiento, la organización democrática, el desarrollo de la participación y la autonomía escolar para la implementación de procesos sociales también de carácter experimental.

El método propuesto, se basa antes que nada en el conocimiento directo de los valores éticos o de los derechos humanos, a través de una didáctica que emplea técnicas de tipo analítico, lúdica, estética o yóguica o mediante un sincretismo entre ellos, en todo caso mediante la vivencia y la experimentación directa de los tres espacios del conocimiento validados por la ciencia.

El énfasis se debe poner en el tercer espacio. Aquel no convencional que no tiene líneas, ni símbolos, simplemente es una realidad que está allí esperando ser percibida y aprehendida por los estudiantes; un lugar desde donde la vida se pueda apreciar con mayor sabiduría, porque como se ha visto, no tiene límites, es infinito y los abarca a todos.

El experimento se desenvuelve a través de cuatro circuitos enlazados entre sí a través de un hilo conductor. conteniendo en sí los dos elementos centrales de cualquier aprendizaje: el de la comunicación transparente-socializante y el de la interiorización creativa.

La comunicación transparente-socializante, se manifiesta en el primer circuito, cuando los integrantes del grupo logran generar lazos afectivos de manera espontánea, libre y limpia sin ninguna intermediación de tipo simbólica, una vez se ha creado el clima de confianza mutua, en la comunicación.

En el segundo circuito, además de crearse los vínculos interactivos entre los participantes mediante las técnicas aludidas, se forman los consensos sobre la temática a tratar y la forma metódica como se va a desarrollar el laboratorio. Con la interacción grupal se generan formas sinérgicas de colaboración y solidaridad en la trasparencia de los corazones, recreándose los primeros valores éticos como la trasparencia, la solidaridad, la igualdad, la tolerancia, y el amor, que van ser socializados autónomamente en la vida cotidiana.

En esta fase, además de crearse los vínculos interactivos entre los participantes mediante las técnicas aludidas, se forman los consensos sobre la temática a tratar y la forma metódica como se va a desarrollar. El aprendizaje se manifiesta como un gran descubrimiento permanente y se recrea nuevamente el conocimiento en la aplicación cotidiana.

La interiorización creativa se genera en el tercer circuito. Siendo parte muy importante del proceso y es alcanzada de manera simultánea cuando el conocimiento se descubre en el interior de cada individuo, a través de la técnica yoga de la "meditación" o "la concentración", cuando cada uno logrando su equilibrio interior, establece la asociación entre los dos hemisferios cerebrales, además descubre por sí mismo las inmensas posibilidades que tiene de despertar sus capacidades y potencialidades adormecidas por una educación mecanicista que fracciona el conocimiento, al especializarlo en celdillas minúsculas.

El cuarto circuito, es el que nos garantiza el compromiso de los participantes con la aplicación del proyecto en el medio pertinente y los resultados del mismo. En esta fase se planifica y se elabora una matriz de compromisos.

Posteriormente, el facilitador(a) lo que debe hacer en el tiempo entre cada acto pedagógico, es evaluar el grado de aprensión y de formación del conocimiento y ayudarle a sus estudiantes a sistematizar el proceso. En esta labor, él mismo aprende al lado de sus estudiantes y se transforma así mismo en la misma medida.

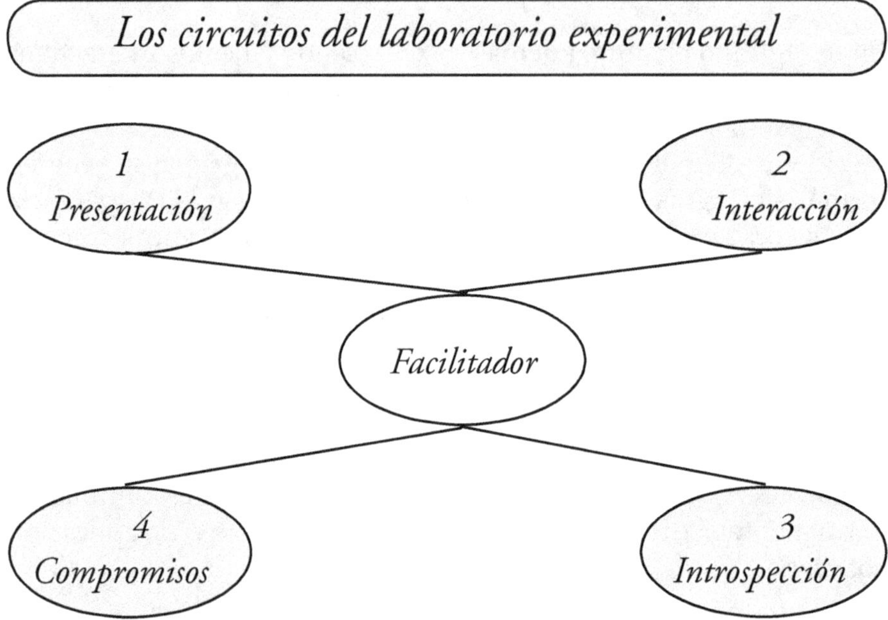

Conclusión

Bajo esta metodología, el estudio de cualquier tema se hace muy agradable en vez de ser algo aburrido como tradicionalmente ha sido. La educación y el aprendizaje se convierten en una dicha que el estudiante desea y además en un espacio donde realmente puede aprender, construyendo formas nuevas de relacionarse todos los días.

> *La metodología se abre espacio en el campo metafórico, en el lenguaje de lo práctico, de lo imaginativo, de lo creativo, de lo artístico, de lo vivencial, sin dejar de lado lo teórico, lo infor-mativo, lo descriptivo.*

> Magendzo. p. 30. 1993.

Si la educación tradicional de tipo conductista, tuvo su basamento en la memoria mecánica del estudiante y en su capacidad de retención de la información, la cual debía repetir después de cada lección para ganarse una buena calificación. El nuevo tipo de educación debe caracterizarse por desautomatizar todas las funciones de la escuela.

Los primeros cambios que deben producirse tienen que ver con el ejercicio de la planeación curricular de manera democrática entre todos los miembros de la comunidad educativa a través del Proyecto Educativo Institucional –PEI–. Posteriormente deben implementarse de manera creativa sucesivos cambios que contribuyan al mejoramiento tanto de la calidad académica de los profesores como de los contenidos y prácticas pedagógicas.

Al abandonar la violencia verbal, estructural, implícita en la forma tradicional de enseñanza, se sugiere asumir por parte del maestro una actitud democrática, usando la persuasión, la ternura y el amor como factores de aprendizaje en vez del tradicional grito, el regaño o el golpe.

El uso de la violencia indiscriminada en la escuela por parte de muchos profesores(as) ha generado durante muchos años un corte radical entre la afectividad y el pensamiento de los estudiantes, lo que el sicoanalista Luis Carlos Restrepo analiza de la siguiente manera:

> *Al negar la importancia de las cogniciones afectivas, la educación se afirma en una pedantería del saber que se mantiene subsidiaria de una concepción de razón universal y apática distante de los sentimientos y de los afectos, afianzadora de un interés imperial que desconoce la importancia de ligarse a contextos y seres singulares.*

Luis Carlos Restrepo. p. 46. 1994.

En síntesis, el aprendizaje experimental de la paz como valor ético, consiste en trabajar a partir del desarrollo de un sincretismo metodológico que involucra métodos activos, participativos, constructivistas y técnicas introspectivas, ejecutando una serie de actividades lúdicas estéticas y yóguicas en medio y en armonía con la naturaleza donde el objetivo final es lograr la interiorización del conocimiento y la aplicación del mismo a través de procesos interactivos.

De una forma escalonada y constructiva se aborda el tema de los valores, desde lo más simple a lo más complejo, desde la sensibilización para escuchar los sonidos de la naturaleza y poder encontrarnos con su belleza, hasta el encuentro con nosotros mismos, el escuchar los sonidos internos que reverberan en nuestro cuerpo y apreciar la luz y la energía espiritual que habita nuestra conciencia, apropiándonos de ella para nuestra propia transformación personal y en consecuencia del entorno social y natural que nos rodea.

Al practicar estas técnicas de manera permanente en el aula o en el hogar, los participantes se van a ver compelidos al cambio interno y a mejorar sus relaciones con los demás personas en la vida cotidiana, van a ser más amorosos y respetuosos con todas las formas vivientes comenzando con los otros seres humanos a quienes tratan diariamente. Su marco conceptual y vivencial va a ser enriquecido al tener la oportunidad de observar el mundo desde otras perspectivas más humanas.

Al cabo del tiempo, el estudiante y o participante de un laboratorio experimental ha reconocido la necesidad de ser autónomo y de tomar decisiones autónomas, de ser autoconciente de sus actitudes y autorregulador de sus funciones internas. Por ello, se puede decir que este proceso formativo desarrolla y potencia las capacidades físicas, intelectuales y espirituales para su aplicación en el desarrollo humano de un país.

Técnicas no convencionales para el aprendizaje de la paz

Siendo permanente la relación entre derechos humanos y educación valórica, se sostiene, que al educar en derechos humanos es necesario precisar la intencionalidad valórica de ello, para que los alumnos asuman compromisos de vida permanente.

Álvaro Tirado Mejía.

Sean aulas abiertas o cerradas, las técnicas son nuestras mejores acompañantes y los más eficaces instrumentos en los procesos pedagógicos que deseen involucrar cambios actitudinales y el nacimiento de nuevos procesos sociales, mentales y espirituales, de tal manera que se garantice su aplicación en la vida cotidiana. Ellas representan los refuerzos didácticos que nos permiten viavilizar un modelo y desarrollar con fuerza una determinada metodología.

Así, en una estrategia pedagógica holística como la que se propone, que prefiere los espacios abiertos rodeados de naturaleza, se tienen en cuenta todos los espacios posibles de desenvolvimiento social, intelectual y espiritual de las personas.

La pedagogía holística comprende la realidad en términos de todos integrados, cuyas propiedades nunca pueden reducirse a las de pequeñas unidades.

En latín *Educare* significa impulsar desde adentro, implica un movimiento emocional, del centro hacia la periferia, una tendencia que quiere expresarse y hace presión por manifestarse.

En Griego, *Pedagogía* tiene una significado de conducir o de halar un proceso de autoconstrucción del niño como ser humano. Otros autores asocian el concepto con el acto de volar.

De tal manera, que si tenemos en cuenta el acto pedagógico creativo, debería ser una acción nueva todos los días, tal y como se van conformando las nubes en el firmamento. En esta perspectiva, lo novedoso no son las técnicas en sí, sino la actitud del facilitador (a) que involucra a los estudiantes en un nuevo mundo por explorar y por descubrir.

Las técnicas ayudan en varios sentidos:

- A buscar el equilibrio entre los dos hemisferios cerebrales y por ende a encontrar el equilibrio interno. (técnicas lúdicas yóguicas y estéticas)
- A desatar procesos creativos e intuitivos tendientes al mejoramiento y al desarrollo de su potencialidad humana. (técnicas lúdicas, estéticas y yóguicas)
- A recrear y reconocer los valores éticos y los derechos humanos en función del mejoramiento social. (técnicas lúdicas, de análisis y yóguicas).
- A formar ciudadanos no violentos para la construcción de una cultura de paz. (técnicas lúdicas, yóguicas, análisis y estéticas).
- A generar procesos democráticos, tolerantes y respetuosos del otro. (técnicas yóguicas y de análisis).
- A desarrollar procesos autónomos como el autoaprendizaje y el autocontrol (técnicas yóguicas y de análisis).

A continuación, se entregarán algunos modelos o ejemplos demostrativos para que cada docente, los emplee como mejor le parezca. No es conveniente sinembargo hacer de cada modelo una repetición mecánica, antes por el contrario, lo que se ha querido es proponer un cambio en la manera de hacer pedagogía mediante el empleo de la técnica; y la técnica no es en sí el cambio, ella es una ayuda, una especie de muleta para un ciego que va tanteando el camino para no chocarse. Lo que facilita el cambio en el sistema educativo es la nueva actitud diaria del educador(a)

Técnica de transformación positiva del conflicto

Derrumbar el paradigma social de la cultura violenta aún vigente, implica poner los valores éticos en la piel de la sociedad y generar un consenso ciudadano sobre los más urgentes, –en lo que algunos académicos e investigadores sociales han concluido en denominar una ética civil–, descubriendo la contracultura de la no-violencia, como primer procedimiento para aprender socialmente a transformar los conflictos de manera positiva.

Desde la teoría científica, conflicto no equivale a violencia; al contrario, el conflicto es un componente básico de la vida social de los seres humanos. Representa un fenómeno continuo y constante en la interacción humana el cual se encuentra alojado en el inconsciente colectivo, en la genética de todos los seres humanos, aunque también existe en las relaciones sociales, económicas y políticas porque la contradicción es parte integrante tanto del microcosmos, como del macrocosmos y es elemento integral de la vida y de la naturaleza.

La existencia del conflicto es normal en las relaciones entre grupos sociales y en nuestras relaciones interpersonales, se puede decir que es algo inherente a ellas, en cuanto los seres humanos por el hecho de tener una estructura mental diferenciada que ha creado espacios sociales diferenciados con el transcurrir de la historia pueden perseguir objetivos distintos debido a la existencia también de intereses diversos.

Por ello, debemos aprender a observar como algo normal la contradicción y la lucha de contrarios. La contradicción como una realidad creada por nuestra estructura mental durante siglos de construcciones mentales lógicas-analíticas y reflejada en el campo físico, en la sociedad y en las relaciones humanas.

Desde épocas inmemoriales los sabios y filósofos nos han hablado de los dos polos opuestos en que se compone el mundo material. Todo, en últimas existe gracias a la polaridad y bipolaridad simultáneamente. El mundo se encuentra en constante movimiento. "Nadie se baña dos veces en el mismo río" –decía el filósofo Griego Demócrito–, queriendo decir a sus discípulos que nada está quieto en el mundo.

El movimiento –según los físicos cuánticos–, se debe a la constante unidad y lucha de los "átomos" y "cuantos" por ocupar un espacio en el universo. Estas partículas penetran e interpenetran todo lo existente, hasta las cosas que aparentemente posan como inertes se encuentran permeadas por paquetes danzantes de energía. Nosotros mismos y todo nuestro entorno hace parte de ese constante ir y venir de esas partículas que atraviesan la materia y la ponen en movimiento generando electricidad.

El choque de partículas o choque de contrarios es lo que se conoce en ciencias sociales como conflicto o contradicción, y lo estudia de manera atinada la dialéctica. Para la naturaleza estos conceptos convertidos en mitos por las culturas modernas, es algo cotidiano y normal que sucede como parte de la estructura del universo.

La colisión puede producir dos nuevas situaciones:

1.   La fusión a través de la polaridad, en diferentes formas.

2.   Una mayor intensidad de la contradicción hasta generar la fisión.

La contradicción o el conflicto personal, familiar o social cumple prácticamente los mismos requisitos que se presentan en el macrocosmos. Ella se encuentra también afuera de nosotros, en la vida social, porque es parte inherente a nuestra condición orgánica y nosotros la hemos creado con nuestro trabajo y actitud a través de la historia humana.

Aprender la leyes dialécticas sobre las cuales se mueve la vida, la sociedad y la historia, podría ser un ejercicio interesante para entender lo que sucede cuando se genera una contradicción entre individuos, entre grupos o comunidades enteras.

Sólo teniendo un poder de observación y concentración mayor sobre el fenómeno a estudiar podemos determinar las causas del conflicto y por ende abordarlo de manera positiva sabiendo de antemano cuáles van a ser sus consecuencias.

> *De otra parte, algunas personas entran al conflicto con una actitud agresiva, de conflictividad y competitividad. Esto supone exponerse y arriesgarse al daño propio, en caso de "perder" y considerar el conflicto como lucha entre dos partes mutuamente excluyentes.*

Alvaro Rendón - Olga Lucía Zuluaga. p. 21 1996.

El conflicto es el proceso lógico que se da en cuanto intentamos hacer una tarea común, y en la vía de hacer lo mejor que nuestra conciencia nos dicta, abordamos una cara u otra del mismo fenómeno de acuerdo al interés particular que tengamos en ese preciso instante.

La investigación reciente sobre teoría de conflictos ha logrado determinar la necesaria intervención en ellos más allá de su gestión formal, ganándole espacios a la fatalidad con métodos de transformación positiva de los mismos.

La nueva mirada que se evade de los campos universitarios para asumir una investigación experimental, que conecta todos los circuitos sociales, económicos, políticos, tecnológicos y culturales, representa un enfoque empírico que asume de lleno los límites, la complejidad y la imprevisibilidad de todo conflicto, al tiempo que está convencida de la capacidad transformadora de los seres humanos y de las sociedades. Este es un planteamiento que visualiza el futuro, que se anticipa a la realidad por venir y cree en la fuerza de los valores éticos y humanos poniéndolos a funcionar en la piel de la sociedad.

A diferencia de otros modelos de tratamiento de conflictos que trabajan desde el exterior, en las consecuencias de los conflictos, el planteamiento de la transformación de conflictos, adopta como sistema de análisis el viaje al interior del conflicto para trabajar creativamente desde su corazón teniendo en cuenta las leyes de la dialéctica, de la historia y de la naturaleza humanas.

Situarse en su corazón significa explorar y reconocer sus mecanismos internos, moverse entre sus límites para tener la conciencia de la potencialidad que puede desatar y que es sujeto a control de los mediadores y observadores activos.

Esta observación, nos permitirá de un lado hacer expresable el conflicto, definirlo con un gran poder de convicción que a la vez es conocido por otros, pero también a la vez modificarlo, cambiar los términos para producir una nueva situación que posiblemente también sea conflictiva, en la que termina venciendo la actitud más creativa y libertaria por su contenido esencialmente ético.

El procedimiento

Uno de los trabajos más recientes de Galtung, nos ilustra sobre la forma como podremos adentrarnos en este nuevo enfoque, que incluye los aspectos más relevantes de la práctica de la mediación y que se puede sintetizar en las siguientes afirmaciones:

- *El objetivo del proceso es trascender el conflicto, superarlo, para que todas las partes alcancen sus objetivos y nadie quede sometido. El conflicto se transforma cuando es conducido por el camino de la paz. Transformar el conflicto significa actuar sobre él mismo para que sus aspectos creativos se conviertan en dominantes.*
- *El método para explorar el conflicto es el diálogo, no el esfuerzo por ganar y en segundo plano, la creación y uso de la empatía con las partes en el conflicto para encontrar caminos que trasciendan las incompatibilidades.*
- *Hay que identificar las raíces de la violencia, en los actores, las estructuras y las culturas, así como en las necesidades básicas de la población.*

- *Hay que escuchar de las partes cuáles son sus definiciones y sus prioridades sin imponer ideas propias. Las partes en conflicto deben seguir su propia capacidad de transformación del mismo.*
- *La transformación de conflictos necesita de la mediación del "trabajador del conflicto", que a la vez es un "trabajador por la paz". Estas personas ayudan a cambiar las estructuras vigentes.*
- *La reconciliación, es un proceso implícito en la transformación de los conflictos. Ayuda a las partes a superar sus traumas.*
- *La transformación de los conflictos supone aceptar la noción de reversibilidad, que es una categoría de la no violencia basada en la idea de hacer algo que pueda ser deshecho.*

Johan Galtung. p. 28. 1997.

Asumimos el concepto de "paz positiva", como aquella acción que interviniendo como parte de la solución del problema contribuya a su búsqueda, y participa activamente en la resolución no violenta del conflicto.

Todos los opuestos constituyen una polaridad: la luz y la oscuridad, el positivo y el negativo, el bien y el mal son simplemente aspectos del mismo fenómeno, según la concepción holística que se está exponiendo durante el desarrollo del presente trabajo.

Los opuestos son interdependientes, su conflicto nunca podrá terminar con la victoria total de una de las partes, sino que siempre será una manifestación de la interacción entre ambas, lo que se podría definir como una complementariedad humana.

Una de las principales polaridades de la vida es la que existe entre las partes masculina y femenina de la naturaleza humana. Como ocurre con la polaridad "del bien y del mal" o de "la lucha de clases".

La sociedad occidental y el sistema capitalista, han favorecido tradicionalmente el lado masculino más que el femenino, o sea la concepción patriarcal que santifica al guerrero. En lugar de reconocer que la personalidad de cada hombre y de cada mujer es el resultado de la interacción entre sus elementos femeninos y masculino, han establecido un orden estático, mecánico, donde se supone que todos los hombres son masculinos y todas las mujeres son femeninas, y a los hombres se les han dado los papeles de dirigir la sociedad, hacer las guerras, utilizar el cuerpo de las mujeres y la mayor parte de los privilegios sociales, sin embargo es justo afirmarlo, la mujer durante mucho tiempo permitió tales desviaciones de la conducta humana.

La masculinidad, ha impuesto la violencia como mecanismo de solución a los conflictos. Ha elevado el negocio de las armas a la máxima categoría; como se sabe este negocio después del narcotráfico es el más rentable, significando ambos el colchón de algunas economías de los países industrializados en épocas de crisis.

> *En el pensamiento Taoísta Chino, esta actitud ha generado una sobrevaloración de todos los aspectos yang –de la naturaleza humana–: actividad, pensamiento racional, competencia, agresividad y así sucesivamente. Los modos de conciencia yin –femeninos– que pueden describirse como intuitivos, sensibles, religiosos, místicos, han sido constantemente suprimidos en nuestra sociedad, ocasionando la crisis de gran profundidad en el tejido social.*

Fritjof Capra. p. 187. 1995.

La transformación positiva de conflictos se constituye en un eslabón básico para estructurar todo el andamiaje teórico y técnico de la pedagogía para la paz.

Como técnica, puede ser aplicada por cualquier persona con el objeto de dar solución a diferentes problemas surgidos como producto de la conflictividad humana, desde los cotidianos familiares, callejeros, hasta los más graves, de tipo social, laboral, político e interestatal.

Sinembargo, habrá que hacerlo teniendo en cuenta todas las variables previstas para estos casos, dado que se requiere un alto grado de precisión científica, lo que implica que al momento de mostrar los resultados, éstos sean satisfactorios para ambas partes y la solución contribuya a crear una nueva atmósfera, una nueva realidad en la que los dos polos enfrentados se sientan tan bien, como si hubieran sido amigos o hermanos desde siempre y por ende una vez se termine el conflicto entren a colaborar activamente en la reconstrucción del tiempo perdido debido a la pugna.

Técnicas yogas

Técnica de la meditación

Lugar de trabajo:

Para realizar esta técnica se requiere un lugar tranquilo, sin ruidos ni interferencias externas.

Objetivos:

Lograr el conocimiento de sí mismos, El autocontrol del cuerpo y la mente. Combatir el estrés la angustia y la depresión. Generar cambios actitudinales.

Duración:

Entre una y dos horas.

Procedimiento:

La técnica consiste en alcanzar un alto grado de "concentración" en el "tercer ojo", un chakra, ubicado en la frente en medio de las dos cejas, con la mirada hacia adentro.

Una vez encontrada una postura adecuada que nos garantice estar quietos durante el tiempo que dure la meditación, debemos cerrar los ojos y concentrarnos mirando hacia el frente de nosotros. No debe haber presión en los ojos. Debemos estar relajados pero atentos como cuando miramos una pantalla de cine.

Dejemos a uno de los grandes maestros de este siglo que con sus propias palabras nos describa el efecto de la técnica:

A medida que avanza el proceso de concentración, las corrientes sensorias, esparcidas en cada extremidad del cuerpo, empiezan a retirarse hacia arriba. El resultado es una especie de entumecimiento físico. Igualmente a medida que aumenta la concentración, de la oscuridad que normalmente aparece cuando cerramos los ojos, empiezan a surgir puntos de luz.

Al comienzo estos puntos luminosos carecen de estabilidad. No es que se estén moviendo sino que nuestra atención es inestable. Tan pronto como uno empieza a ganar habilidad en la concentración, los puntos de luz se estabilizan y le dan paso a un firmamento de estrellas.

A su debido tiempo, la más grande de estas, eclipsa opaca a las demás, y a su vez, ésta le da paso a la luna interior, la que finalmente le da vía a la contemplación del sol.

Del mismo modo como la corriente eléctrica produce luz y calor, la corriente de almargia produce luz y calor. Pero ésta es mucho más radiante y brillante y tiene poder de inundarnos de paz y éxtasis. Si nos aferramos a esta corriente, nos llevará sobre la conciencia del cuerpo, hacia los más elevados planos internos.

Sant Darshan Singh. p.28 1996

Posteriormente, los estudiantes se convierten en los transformadores de la realidad externa a través de la práctica cotidiana de los valores interiorizados.

Si cada persona alcanza la paz interna a través de la "meditación" y desarrolla amor por todos, no pasará mucho tiempo antes que la paz prevalezca en el planeta. Viviremos en unidad y armonía los unos con los otros: de esta manera, nuestro logro personal de la paz y la felicidad contribuiría a una edad dorada sobre la tierra.

Sant Rajinder Singh p. 16. 1996.

Comprendida así la paz, una vez lleguemos a este estado de felicidad infinita que describen los grandes maestros espirituales. Ésta, deja de ser una palabra, o un cliché que muchas veces se utiliza para ganar posición social o política, y se convierte en una actitud posible de palpar, de dar, de recibir. En fin, se hace parte del cuerpo social y de las comunidades en donde se forman los participantes.

Los neurofisiólogos han descubierto que con la meditación, la frecuencia cardíaca, la respiración y las ondas cerebrales se hacen más lentas, los músculos se relajan y disminuyen los efectos de la epinefrina y de otras hormonas relacionadas con el estrés.

Técnica de relajación

Lugar de trabajo:

Se aconseja trabajar sobre espacios abiertos, ojalá rodeados de naturaleza, donde los estudiantes puedan percibir directamente la experiencia del contacto con la naturaleza y el universo.

Objetivos:

Para controlar el insomnio, el estrés, la depresión o la angustia, para descansar el cuerpo y la mente después de una jornada agitada o para comenzar la jornada con energía positiva.

Duración:

Entre media y una hora.

Procedimiento:

El(a) facilitadoror(a) pide a los estudiantes que se acuesten en el suelo o sobre una colchoneta o esterilla. Les pide relajar su cuerpo. La relajación comienza cuando la mente ordena a todas las partes de su cuerpo que se relajen. El ejercicio se origina repasando mentalmente los músculos del cuerpo desde los dedos de los pies, las pantorrillas, las piernas, los muslos, la ingle, el estómago, el pecho, las manos, los brazos, los antebrazos, los bíceps, los tríceps, los hombros, la nuca, la cabeza, la boca, los ojos, las orejas, la frente, el cuero cabelludo, Todo el cuerpo se encuentra absolutamente relajado.

En efecto, las tensiones ceden, los pensamientos aparecen más claramente en la mente de los interlocutores. La voluntad se encuentra a punto de rendirse al sueño. Pero nadie se debe dormir. La concentración de la voluntad debe estar sobre la parte del cuerpo que el(a) facilitador(a) requiera poner a descansar o afectar con mayor urgencia. Éste(a) debe estar pendiente de que nadie se duerma.

Las corrientes sensorias no se sienten, se apagan, para darle paso al pensamiento, la imaginación, la fantasía y la creatividad. Mientras tanto las corrientes motoras del cuerpo se hacen más sensibles. Los estudiantes deben describir al cabo de media hora de relajación, que sintieron, que vieron, que escucharon, mediante un ejercicio de análisis.

Las técnicas yóguicas, son nuestras aliadas en el proceso del despertar de la conciencia y en el proceso de transformación interno de los niños(as), jóvenes, o de los adultos.

> *Las técnicas de meditación, los ejercicios de ruptura de hábitos, y otros ejercicios especiales están diseñados para producir un cambio de la conciencia ordinaria analítica a la conciencia holística.*
>
> Robert Ornstein p. 387. 1993.

Técnicas lúdicas

Es a través del juego como el(a) niño(a) se apropia y conoce el mundo para después transformarlo y recrearlo. La relación que establece con objetos y personas no es sólo perceptual y cognoscitiva, es ante todo una relación afectiva en la que el niño genera cambios en su medio y al mismo tiempo recibe su influencia.

Debemos creer en el juego como fuente de inspiración, de ensoñación y liberación espiritual; como una posibilidad de re-creación y construcción de nuevas formas de vivir y asumir la vida.

Muchos investigadores y educadores insisten hoy que la mejor manera de aprender es a través del juego. Incluso para los adultos, quienes al recordar su infancia mediante el juego recrean nuevamente sus emociones y sus sensaciones originales.

Además porque esta sensación de libertad que se percibe va más allá de los aprendizajes lineales a que nos tiene acostumbrados la educación tradicional, llevándolos a nuevos umbrales de percepción síquica y espiritual.

En la tradición lúdica de cada pueblo se encuentran muchas posibilidades por descubrir. Cada región y cultura posee sus propios juegos. Aunque ya existen algunos estudios al respecto, los profesores(as) deberían investigar en cada región cultural cuáles son los juegos predilectos de los niños(as) y ponerlos en función del aprendizaje de la convivencia.

Si cuidamos sólo el cuerpo del niño, entendiendo qué órganos y sistemas funcionen bien, significaría que lo concebimos como una máquina cuya estructura debemos mantener en buen estado. Por el contrario, si cuidamos su cuerpo es porque nos interesa cómo a través de sus sentidos y de la relación que establece con los otros, pueda identificar, discriminar, explorar, crear, relacionar, producir, contemplar, conocer, crecer y transformar. Todas estas acciones comprometen su cuerpo y sus sentidos, sus conocimientos, sus ideas, su imaginación y sus valores, lo comprometen totalmente...

Marta Llanos. p. 25. 1988.

El juego de las burbujas

Lugar de trabajo:

En el aula.

Objetivos:

Calentamiento del grupo.

Duración:

De quince a treinta minutos.

Procedimiento:

El facilitador(a) pinta tantos círculos (burbujas) en el piso como participantes tiene el grupo. Pide a cada uno de ellos ocupar uno de los círculos. Luego les pide a todos que se desplacen por la sala abandonando su burbuja.

A una señal del facilitador (a), cada participante debe ocupar una nueva burbuja. Pero el profesor(a) en cada vuelta borra un círculo, con lo que siempre habrá un participante que se queda sin círculo.

El participante que se queda sin círculo va saliendo del juego. El juego acaba cuando sólo quedan dos participantes que tendrán que disputar una burbuja. *(Caja de herramientas del moderador* Ildesfes - Orplafes- Klaus Schubert-Heloisa Nogueira-Flora Marin)

La caza del dragón

Lugar de trabajo:

El aula.

Objetivos:

Calentamiento del grupo.

Duración:

De quince a treinta minutos.

Procedimiento:

Invite al grupo a formar una fila única. Cada participante apoya las manos en la cintura del compañero delantero. Juntos, forman el cuerpo del dragón. El primero de la fila es la cabeza y el último, la punta de la cola.

Elija a uno de los participantes para ser el cazador, su tarea es la de agarrar la punta de la cola del dragón. El cuerpo deberá protegerla contra los intentos del cazador, sin desarticular la fila.

Si el cazador logra su cometido, elija a otro para asumir su papel. (*Caja de herramientas* del moderador Ildesfes-Orplafes. Klaus Schubert-Heloisa Nogueira-Flora Marin. 1.996)

Técnicas de análisis

Pertenecen al área del cerebro racional, de la lógica lineal. Son aquellas mediante las cuales inducimos a los estudiantes a pensar, a reflexionar o a crear nuevas alternativas sobre determinado tema. Pueden ser simples o complejas. Las técnicas simples van desde el análisis de un texto para descifrar códigos o contenidos, descubrir sus relaciones internas y exponerlas adecuadamente mediante símbolos propios, hasta la simulación de esos contenidos en escenarios diversos. Las técnicas complejas, abarcan otra gama de procesamiento de la información y su retroalimentación permanente, tales como la planeación estratégica, la inteligencia múltiple, la programación neurolingüística y los compromisos y resultados por objetivos en el tiempo.

Las siguientes, son técnicas empleadas para solucionar y transformar conflictos por la vía positiva.

Estilos sociales de discusión

Lugar de trabajo:

Aula o campo abierto. Trabajo de grupos.

Objetivos:

Identificar nuestro estilo, el de los demás y generar un ambiente propicio para la conciliación y la negociación consensuada en caso de conflictos interpersonales, familiares o sociales.

Duración:

Una hora.

Procedimiento:

El facilitador(a) propone a los participantes los siguientes pasos metodológicos:

1. Identifica tu estilo más usado.

2. Reúnete con otros de ese estilo entre tu grupo para discutirlo.

3. Identifica fuerzas de estilo.... lo que te ayuda a ser particularmente efectivo en tu labor social.

4. Identifica lo que haría sentirse incómodas a las personas con lo opuesto de su estilo (cuales podrían ser los problemas que vendrían con tu estilo).

5. Identifica lo que te haría sentir incómodo sobre el estilo opuesto. (cuáles son los problemas que tu ves con el estilo de ellos).

6. Usando el método triático de escuchar:

    •   Discutir los puntos 3,4, y 5 por lo menos con una persona del sentido opuesto (práctica de escuchar con atención)

- Opinen y acuerden cómo puede uno incrementar la fuerza de cada uno, de los demás y colaboren entre sí.

Nota: Los estilos más comunes definidos por la sicología son:

1. El democrático, 2. El autocrático, 3. El analítico. 4. El romántico.

Escuchamiento didáctico. (Preguntas de práctica individual)

Lugar de trabajo:

El aula o campo abierto.

Objetivos:

Reflexión individual para el conocimiento de sí mismo.

Duración:

Treinta minutos.

Procedimiento:

El facilitador(a) le propone a los estudiantes escribir en una hoja de manera individual las siguiente respuestas:

1.   Lo que realmente me gusta hacer es...

2.   Yo me siento muy bien, cuando...

3.   Yo realmente me siento muy bien cuando...

4.   Realmente me siento lastimado, cuando...

5.   Algo que casi nunca comparto respecto a mí mismo, es...

Posteriormente se comparten las impresiones individuales en grupos.

Técnicas estéticas

Muy similares a las lúdicas en su forma. Dado el despliegue creativo que ejercen sobre las emociones, sentimientos, actitudes y asociaciones vivenciales, estas técnicas tocan la fibra sensible y creativa de los niños o de los adultos quienes añoran volver a estos tiempos.

En algunos casos desarrollan talentos y capacidades naturales artísticas, científicas, deportivas o de otra índole que se encuentra alojados en la genética de cada cual y que no se han podido manifestar. En otros casos cumple la labor de sensibilización y estimulación en el campo artístico.

El arte al igual que la ciencia son manifestaciones elevadas del espíritu humano que buscan ante todo trascender la cotidianidad y la superficialidad en que se encuentra inmerso el mundo de la política y de las relaciones sociales.

El arte con mayor razón, aliado de la estética desarrolla su papel y su significado en el principio asociativo. La plasticidad asociativa en el arte se encuentra fundamentada en el principio de conexión emotivo-estética de ideas, sentimientos, vivencias, observaciones mutuamente condicionadas del individuo, vertidas en un sistema de signos determinados.

La poesía, el cuento, la música, la danza, el teatro o la pintura son algunos de los géneros que se pueden desarrollar con cierta técnica y eficacia sobre la conciencia de los niños(as) y adultos en la labor educativa.

Los espacios asociativos logrados mediante estas técnicas son eslabones imprescindibles en la cadena de formación de todo pensamiento, en particular del pensamiento científico. Sin embargo las asociaciones artísticas difieren de las científicas por su carácter concreto sensorial, lo cual excluye la creación de imágenes asociativas de extrema generalización, diferentes a las formas sensibles de la realidad. El arte se encuentra ubicado en las asociaciones del cerebro derecho, mientras que el pensamiento científico en el hemisferio izquierdo.

El cuento

El cuento es el género más utilizado en la escuela primaria por los profesores(as), quizás por la tradición que siempre ha contado con el recurso de la oratoria y de las costumbres de los pueblos para relacionar la historia del pasado con el presente como mecanismo de enseñanza a las futuras generaciones. La tradición de contar cuentos para chicos o grandes ha sido casi de todas las culturas, pero es en Oriente donde encontramos los cuentos con mayor contenido ético.

Se han escrito muchos cuentos y generalmente para niños, aunque la edad para quien va dirigido un cuento es relativa al grado de receptividad y sensibilidad que posea el sujeto que escucha.

En nuestro caso debemos preferir cuentos con un contenido ético, es decir que dejen alguna lección o enseñanza práctica. Por ejemplo un cuento *Sufí* del siglo XVI como el que sigue podría dejar serias y profundas enseñanzas.

Nunca se sabe cuando algo va a ser útil

Idries Shah

Nazrudin aceptaba a veces pasajeros en su barco. Un día un pedagogo remilgado le contrató para cruzar un río muy ancho. Tan pronto como estuvieron a bordo, el erudito preguntó si el río iba a estar agitado.
–No me preguntes nada sobre eso, –dijo Nazrudin.
¿Es que no has estudiado nunca gramática?.
–No– respondió el barquero
–En ese caso, has malgastado la mitad de tu vida.
El barquero no dijo nada.
Pronto se desencadenó una tormenta terrible. El desvencijado cascarón de nuez del barquero se estaba llenado de agua. Nazrudin entonces le dijo a su compañero de viaje:
–¿No has aprendido a nadar?
–¡No! respondió él, pedantemente.
–En ese caso, maestro de escuela, has perdido toda tu vida, ¡porque nos estamos hundiendo!

Los dos personajes de esta historia simbolizan dos grandes tipos de conciencia: la racional está representada por el pedagogo, implicado en una perfección limpia y neta y empeñado en ella; la segunda forma de la conciencia está representada por el barquero y la técnica de la natación, que supone el movimiento del cuerpo en el espacio –un modo de desenvolverse en la realidad, a menudo, despreciado por la pulcritud del profesor–.

Estos dos personajes también representan diferentes tipos de personas. El gramático lógico: lineal es parecido al científico, al lógico, al matemático, que están comprometidos con la razón y las pruebas exactas.

El barquero, torpe e ignorante en términos formales, representa al artista, el artesano, al bailarín, al soñador, cuyo rendimiento a menudo es insatisfactorio para la mente racional. Los personajes de la historia representan además los distintos tipos de especialización de los niveles más altos del cerebro humano: las divisiones profundas de la corteza.

La poesía

La poesía representa un género poco empleado en la pedagogía como técnica del aprendizaje, con excepción de las clases de literatura. Sin embargo este hecho no le quita la importancia que tiene como género literario.

"Poeta, es aquel que rompe, para nosotros la costumbre", decía el Premio Nóbel de Literatura 1960, Saint Jhon Perse. La poesía como género creativo y como creación poética de la vida que debe estar renovándose constantemente desde el lenguaje y los símbolos también, debe estar presente en todo nuestros trabajo por construir un nuevo mundo.

Al igual que el cuento, la poesía debe dejar algo que enseñe o por lo menos inquiete y haga reflexionar a los participantes.

En el *Preludio para una gimnasia de las percepciones*, sus autores, dos poetas Antioqueños Luis Eduardo Rendón y Jairo Guzmán nos muestran un amplio panorama de ejemplos poéticos que se pueden expresar en el aula de manera constructiva, veamos por ejemplo un renga.

El renga es una forma poética de creación colectiva que se desarrolló en el Japón entre el siglo VII y el siglo XII y que tuvo su máximo esplendor en la obra del poeta Shinkei en el siglo XV.

Octavio Paz nos dice del Renga:

> *...el elemento combinatorio consiste en la redacción de un poema por un grupo de poetas de acuerdo con el orden circular, cada poeta escribe sucesivamente la estrofa que le toca y su intervención se repite varias veces.*

> *Es un movimiento de rotación que dibuja poco a poco el texto y del que no están excluidos ni el cálculo ni el azar. Mejor dicho: es un movimiento en el que el cálculo prepara la aparición del azar...*

Fue en 1998 cuando por primera vez cuatro poetas occidentales, el mexicano Octavio Paz, el inglés Charles Tomlinson, el italiano Eduardo Sanguineti y el francés Jacques Roubaus, asumieron durante una semana, la escritura de un renga, cada uno en su lengua natal y adoptando la forma de un soneto.

La siguiente a manera de ejemplo es la primera parte del renga, realizado por los poetas mencionados:

> *El sol marcha sobre huesos ateridos:*
> *en la cámara subterránea: gestaciones:*
> *las bocas del metro son ya hormigueros.*
> *Cesa el sueño: comienzan los lenguajes.*

> *Y el habla sin gestos de las cosas se desata*
> *Como la sombra que, al congregarse bajo la vertical estría saliente de la columna, esparce su mancha de tinta en las arrugas de la piedra gastada:*

> *Porque la piedra es quizás una viña*
> *La piedra donde las hormigas lanzan su ácido*
> *Una palabra preparada en esta gruta.*

> *Príncipes, tumba y escrito, yo solevantaba salivas de espectro:*
> *Mi mandíbula mordía sus sílabas de arena:*
> *Yo era relicario y clepsidra por los vidrios del occidente.*

La poesía renga se presta para hacer construcciones poéticas colectivas en el aula y fuera de ella. Es un género participativo y creativo a la vez.

La música y la danza

La música es una experiencia inaccesible para medios literarios, pues es una experiencia de carácter no verbal, no lineal, ni analítica.

El músico crea, revela e impulsa una nueva realidad. Como el científico o el místico, busca los caminos para expresar su sensación de unicidad con el universo.

La danza es consecuencia de la música y parte inherente de ella. Un danzarín o bailarín como suele llamársele a un intérprete original de la música es un artista que crea un ritmo a partir de los sonidos y las vibraciones emitidas, que es capaz de volar al unísono con su pensamiento.

Ambos géneros, música y danza son convenientes en el acto pedagógico que busca formar en los estudiantes nuevas actitudes a partir de la sensibilidad y la creatividad estéticas.

Procedimiento:

El profesor(a) hace sonar una música con frecuencias altas o graves en dependencia del hemisferio cerebral que desee afectar. Si desea trabajar para equilibrar las emociones debe hacer sonar tonos altos y si por el contrario desea resaltar la capacidad de análisis y el raciocinio, entonces hará sonar tonos graves.

Los participantes harán comentarios sobre su experiencia personal, acerca de que vieron y sintieron durante la audición, una vez termine ésta, la que puede durar entre quince y treinta minutos.

Anexos

Anexo 1

Una encuesta evaluativa.
Proyecto: "Escuela valores y derechos humanos"

En una encuesta evaluativa, realizada al final del "Proyecto experimental: Escuela, valores y derechos humanos" durante 1998, realizado con maestros de primaria y secundaria afiliados a la Federación Colombiana de educadores –FECODE–, el 100% de los 300 participantes afirmaron haber notado cambios en su personalidad. (Escuela valores y derechos humanos p. 78-83.)

Al preguntárseles por el tipo de cambios que observaron, respondieron:

- He aprendido a manejar mis conflictos.
- A ser más tolerante.
- A poseer mayor sensibilidad.
- A respetar al otro.
- A tener mayor receptividad.
- A tener mayor preocupación por los derechos humanos.
- A ser más participativo.
- Ha mejorado el diálogo con los estudiantes,
- A una mejor relación de pareja.
- A tener mejores niveles de unidad y comunicación.
- Ha mejorado la autoestima.
- Mayor interés por la paz.
- Actitud más positiva y constructiva de mayor compromiso.
- Conciencia social y solidaria.
- Compromiso en la formación de valores y derechos.
- Mejor trato y respeto a los demás.
- Mejor bienestar personal.
- A ser más feliz y realizado.
- A liberar mi espíritu.
- A ser más reflexivo y propositivo.
- A tener un mayor conocimiento de mí mismo.

A la pregunta de si ha notado cambios en sus estudiantes, la respuesta fue sorprendente.

El 86.7% respondió que sí.

El 13.3% dijo que no.

- ¿Que tipo de cambios?

– Mayor receptividad.
– Mayor participación.
– Más argumentación.
– Más tolerancia.
– Más trabajo en equipo.
– Mayor espíritu de convivencia.
– Mayor respeto.
– Mayor participación en la toma de decisiones.
– Disminución de la violencia en la escuela.
– Son más abordables en sus asuntos personales.
– Mayor diálogo en los conflictos.
– Mejora el trabajo en grupos.
– Mayor argumentación al hablar sobre el tema.
– Mayor comunicación entre los estudiantes,
– Formación y respeto en valores.
– Se ha despertado el interés de expandir los conocimientos.
– Actitud de cambio.
– Participación más conciente en el gobierno escolar.
– Una mejor interrelación personal.
– Mayor sensibilidad y compromiso.
– Aumento de su autoestima.
– El afecto y la tolerancia son más comunes.
– Ha mejorado su comportamiento.
– El respeto por sí mismos y por los demás.
– Asumen los valores más conscientemente.
– Valoran y respetan sus diferencias.
– Hablan de paz y se interesan por solucionar conflictos.
– Han mejorado los niveles de convivencia.
– Hay más disposición al diálogo.
– Intentan ser más solidarios y participativos.
– Más respeto por el otro.

- Los niños participan y proponen sobre la paz.
- Manifestaciones amigables y amistosas.
- Mayor alegría.
- Mejor comprensión de los temas.
- Más activos y espontáneos.
- Mejoramiento de su calidad personal.
- Menos agresividad.
- Se comunican y buscan apoyo.
- Se han organizado alrededor de la defensa de los derechos humanos.
- Promueven el trabajo en equipos.
- Son más extrovertidos.
- Son más reflexivos, críticos, constructivos.

¿Ha notado cambios en su familia?

Sí. 91%.

No: 9%.

- ¿Cuáles cambios?

- Más diálogo.
- Más solidaridad.
- Más tranquilidad.
- Mayor comunicación.
- Mejora la relación de pareja.
- Mayor respeto entre la familia.
- Más sensibilidad
- Más tolerancia.
- Niveles superiores, han mejorado relaciones de unidad y comunicación.
- Hay relaciones con todos.
- Comunicación continua, sinceridad y solidaridad.
- Con el cambio personal cambió toda la familia.
- Más diálogo y convivencia pacífica.
- Une más el dialogo y el respeto.
- En el diálogo se fortalece el amor.
- Diálogo, paz entre todos, unión, tolerancia, solidaridad
- Ha crecido la unión familiar y la formación personal.

–   Hay concertación, diálogo, más armonía, fortaleza ante los conflictos.
–   Hay mayor integración y amor.
–   He penetrado el sentido de otredad.
–   Se enriquece la convivencia.
–   Mayor humanización y capacidad para resolver los conflictos.

¿Ha notado cambios en la comunidad educativa?

Sí: 69.8%

No: 30.2%

*   Cuáles cambios?

–   Mayor compañerismo.
–   Mayor sentido de pertenencia. Mayor respeto a la opinión ajena.
–   Más tolerancia.
–   Más solidaridad.
–   Aceptación del cambio.
–   Más trabajo en equipo.
–   Disposición para el diálogo y la cultura de paz.
–   Mayor interés por el tema.
–   Mejoró el sentido de pertenencia.
–   Ahora hay más compañerismo.
–   Mayor sentido de integración.
–   Replanteamiento en lo conceptual.
–   Mayor participación en la toma de decisiones. Buscamos la manera de capacitarnos.
–   Colaboración y respeto.
–   Concientización y compromiso colectivo.
–   Cuando se fortalecen los valores, se mejora en todos los campos.
–   Tal como la gota de agua que genera ondas, así vamos multiplicando el conocimiento de los valores.
–   Hay disposición para el diálogo y el entendimiento.
–   Interés por hacerse partícipes de la solución de conflictos.
–   Mayor integración de la comunidad.

- Los padres tratan mejor a su hijos y no los maltratan.
- Más solidaridad frente a la problemática de la comunidad.
- Mayor armonía y disposición al trabajo.
- Mayor participación democrática y ética.
- Mayor tolerancia y respeto hacia los otros.
- Los padres participan en el proceso formativo de los niños.
- Los padres se preocupan por la búsqueda de soluciones.
- Replanteamiento de lo conceptual.
- Se ha duplicado el trabajo en valores.
- Se ha mejorado en la integración.
- Se han interesado en la defensa de los derechos humanos.
- Toda la comunidad quiere trabajarle a la paz.
- Se promueven y fortalecen los proyectos sociales.
- Se concientizan sobre los cambios de actitud.

¿Ha notado cambios en su sindicato?

Si: 50%.

No:50%-

- ¿Cuáles cambios?

- Hay más democracia.
- Hay más preocupación por los derechos humanos.
- Más diálogo y capacidad de concertación.
- Mayor compromiso frente al tema.
- Hay más respeto por los puntos de vista de los demás.
- Mayor compañerismo.
- Mayor unidad política.
- Comunicación a través del diálogo y puesta en marcha de los valores.
- Concilio y respeto por las ideas de los demás.
- Creación del comité pedagógico para la defensa de los derechos humanos.
- Más democrático y participativo.
- Mayor interés por el trabajo de los derechos humanos.
- Hay más cordialidad y respeto.

No hay duda que los beneficios son muy grandes y bien vale el esfuerzo pedagógico que se haga con el objeto de transformar actitudes y comportamientos a partir del re-conocimiento o la re-creación de los valores éticos entre ellos el de la paz como el bien más preciado que podemos tener los seres humanos.

De esta encuesta se desprenden varias conclusiones en términos cognoscitivos a resaltar:

1. Los participantes en la experiencia del aprendizaje de la paz, ganaron en los tres tipos del conocimiento científico:

    a. Conocimientos empíricos.
    b. Formación analítica .
    c. Desarrollo del conocimiento fenomenológico-espiritual.

2. La capacidad de transformación personal, y su aplicación práctica en la vida cotidiana, en tan corto tiempo es sorprendente, lo cual contradice las teorías de los psicólogos conductistas, quienes afirman que estos cambios "sólo se dan en condiciones especiales y duran para ser introspectados varios años".

3. De manera intencional, el aprendizaje de la paz interna, desarrolla lo fenomenológico obligándolo a ocupar un mayor espacio pedagógico debido a que es un campo confuso y muchas veces incomprendido para la ciencia ortodoxa. Se trata de esclarecerlo y activarlo, desbloqueando los mecanismos internos emocionales-intuitivos de las personas, obstruidos por largos años de enseñanza mecanicista.

4. La observación sobre la encuesta evaluativa permite determinar que los cambios más profundos se dieron en primera instancia a nivel individual 100%, seguidos de la familia 91%, los estudiantes 86.7%, la comunidad educativa 69.8% y finalmente el sindicato 50%.

    Nos demuestra las relaciones y las identidades más cercanas que los profesores (as) poseen. Para ellos es muy importante su transformación personal, su familia y sus estudiantes. En un plano secundario se ubican las relaciones con la comunidad educativa y con su sindicato.

5.   Los cambios anotados en la encuesta que los participantes dicen haber tenido durante los seis meses de duración del proyecto, reafirman las intenciones de quienes enfocamos la educación desde procesos experimentales introspectivos para desarrollar y ampliar la conciencia humanista de los participantes.

Anexo 2

Legislación sobre la paz

En 1997 la conferencia general de la Unesco aprobó un texto de declaración sobre la paz que se reseña para información de los lectores:

Artículo 1. La paz como un derecho humano.

a. Todo ser humano tiene derecho a la paz que es inherente a su dignidad de persona humana. La guerra y todo conflicto armado, la violencia en todas sus formas, sea cual fuere su origen, así como la inseguridad de las personas, son intrínsicamente incompatibles con el derecho humano a la paz.

b. El derecho humano a la paz debe estar garantizado, respetado y puesto en práctica sin ninguna discriminación, tanto a nivel interno como internacional por todos los estados y todos los miembros de la comunidad internacional.

Artículo 2. La paz como un deber.

a. Todos los seres humanos, todos los estados y los otros miembros de la comunidad internacional y todos los pueblos, tienen el deber de contribuir al mantenimiento y a la construcción de la paz, así como a la prevención de los conflictos armados y de la violencia bajo todas sus formas.

   Es de su incumbencia favorecer el desarme y oponerse por todos los medios legítimos a los actos de agresión y a las violaciones sistemáticas, masivas, flagrantes de los derechos humanos que constituyan una amenaza para la paz.

b. Las desigualdades, la exclusión y la pobreza son susceptibles de comportar la violación de la paz internacional y de la paz interna, y es deber de los Estados el promover, estimular la justicia social, tanto en su territorio como a nivel internacional, particularmente por medio de una política apropiada tendiente al desarrollo humano sostenible.

Artículo 3. La cultura de la paz.

a.   La cultura de la paz que está destinada a construir todos los días, por medio de la educación, la ciencia y la comunicación, las defensas de la paz en los espíritus de los seres humanos, debe constituir el camino que conduzca hacia la puesta en marcha global del derecho del ser humano a la paz.

b.   La cultura de la paz comporta el reconocimiento, el respeto y la práctica cotidiana de un conjunto de valores éticos e ideales democráticos que están basados en la solidaridad intelectual y moral de la humanidad.

Anexo 3

Metodología para el autoaprendizaje. "Proyecto de formación de formadores". Una experiencia de formación en valores con líderes sindicales

Entre 1996 y el año 2000, la Federación Internacional de Trabajadores de la Química, la Minería, la Energía e Industrias diversas, estimuló en Colombia la formación de un grupo de líderes sindicales que tuvieran la capacidad de hacer propuestas alternativas a los procesos de globalización y reestructuración industrial en marcha.

Al aplicar la "Metodología del autoaprendizaje", un modelo creado de consenso con los participantes, los resultados se comenzaron a ver de manera temprana. El grupo inicial no solamente se formó en nuevos conceptos, métodos y técnicas para enfrentar los conflictos de la vida cotidiana sino que de manera automática contribuyó a la formación de esos criterios en sus familias y comunidades laborales hasta generar cambios en la cultura organizacional de los sindicatos, conformando equipos de trabajo educativo, dando realce a la participación y formación cultural de las mujeres obreras, creando campañas educativas y organizacionales que comenzaron a dar resultado al producirse la fusión de los pequeños espacios sindicales de base y de empresa hasta la conformación de grandes conglomerados industriales, proceso en el cual se encuentra el proyecto educativo actualmente.

La experiencia de aplicación de métodos experimentales en la educación no formal para el aprendizaje de valores, a diferencia de los métodos tradicionales espontáneos por naturaleza, ha demostrado que cuando se trabaja con planificación a largo plazo y se muestran los resultados a corto y mediano plazo es porque hay niveles de eficacia mayores y éstos son el producto de un desarrollo sistémico de la conciencia de los participantes. Éstos han adquirido un compromiso consigo mismos en primera instancia y luego con el proyecto educativo el cual han contribuido a estructurar en todas sus partes.

Al igual que en el experimento con los profesores(as) enunciado en el anexo No 1. Los participantes manifestaron en la encuesta evaluativa, haber tenido cambios en su personalidad en un 95% . Un alto nivel de aprendizaje en un 98% y unos deseos de continuar en el proceso de ayuda a los demás en un 100%.

Epílogo

Los episodios de violencia y de guerras conti-
nuas vividas por la especie humana durante la
última centuria, demuestran los coletazos de
un comportamiento primitivo, listo a ser superado
en el nuevo milenio por la acción de dos fuerzas
humanas: la primera y más importante: la razón
científica incorporada al sistema educativo que
explicita la contradicción racional y la polaridad,
generando los avances tecnológicos y el desarrollo
social –material de la humanidad–; y la segunda
surgida de la propia experiencia intuitiva y como
complemento de aquella, que construye el futuro de
la conciencia humana, mediante los modelos ideales.
Ambas corrientes con el paso del tiempo progresan
en la dirección y hacia la conformación de un cerebro
y un pensamiento holístico.

La humanidad avanza inexorablemente hacia nuevos estadios de su desarrollo, lo que Teilhard de
Chardin denominaba "el espíritu de la tierra".

Se desenvuelve un nuevo sentido espiritual, aunque
a veces imperceptible de convergencia en la unidad
humana y en el mundo, que se basa en lo sagrado
de cada persona y en el respeto a la pluralidad de las
culturas. Existe una conciencia creciente de que la

igualdad no puede evaluarse en términos simplemente numéricos, sino que es proporcional y analógica en su realidad.

Estamos en el inicio de la edad de oro de la humanidad en donde se comienza a reconocer la separación del hombre y de la naturaleza, del tiempo y del espacio, de la libertad y la seguridad y nos enfrentamos a una nueva visión de la humanidad que en su unidad orgánica e histórica ofrece una igualdad rica y diversa y tiene un alcance sin precedentes.

Los odios interraciales, interétnicos, políticos, religiosos y de clase han de desaparecer paulatinamente, para dar paso a las nuevas relaciones humanas basadas en la convivencia pacífica, la tolerancia el respeto y la armonía a nivel global.

Colombia es una parte del planeta, podría ser el corazón, así como el Tibet representa el cerebro y el Amazonas al estómago y al pulmón del mundo.

Tenemos que acostumbrarnos a los cambios de paradigmas. Mientras ayer maximizábamos la patria como el mayor valor a defender, hoy tendremos que maximizar el planeta. Lo que ayer era una certeza para la ciencia hoy ya no lo es, debido a la velocidad con que actúa el proceso del conocimiento y a la limitación de nuestra conciencia.

Esta afirmación implica salir del cascarón de la "patria" para conocer el planeta, nacer como ciudadano del mundo y crecer como habitante del cosmos, conociendo las diversas culturas. El uso del internet podría facilitarnos esta labor a bajos costos.

Entonces, poco a poco iríamos abandonando los criterios nacionalistas estrechos y comenzaríamos a observar el proceso de globalización del pensamiento, podríamos entonces entender que vivimos en una aldea mundial donde todos hacemos parte de un sistema cósmico único e indivisible y por esta misma razón necesitamos unos de otros para poder sobrevivir. En esta dimensión el ser humano es único, a todos nos unen las fuerzas invisibles del amor y de la paz interior.

El conflicto interno que vivimos los colombianos entonces, no podrá ser solucionado definitivamente sin la ayuda internacional, sin activar los vasos comunicantes con la comunidad de países y culturas implicadas de una u otra forma en nuestro propio proceso de formación y desarrollo.

A muchos no nos gusta la manera como somos gobernados, la forma como los detentadores del poder en todas las latitudes manipulan los sentimientos y los pensamientos a través de los medios de comunicación. Tampoco estamos de acuerdo con la "doble moral" que impone falsos criterios acerca de la vida y la convivencia civilizada.

Quizás podamos aún rebelarnos contra esa maquinaria infernal construida por la especie humana en contra de la armonía natural. La rebeldía sin embargo debe establecerse en nuevos niveles de la comunicación y la acción, donde la armonía espiritual y la sinergia intra síquica jueguen quizás un papel más preponderante, transformando las formas de lucha vigentes en innovadoras fuerzas no violentas que actúan desde otros niveles de la conciencia.

Nos queda una alternativa:

Ir hacia adentro de nosotros mismos y explorar los paisajes internos correlacionándolos con el macrocosmos. Esta nueva actitud nos debe llevar a pensar en el origen de la tierra y de las comunidades tribales para producir el reencuentro con nuestro ser interno y generar procesos de identidad cultural.

Los conflictos en el futuro inmediato, se solucionarán pacíficamente y no habrá motivos serios para iniciar nuevas guerras de ninguna naturaleza, por cuanto los seres humanos habrán generado procesos de autorregulación individual y social a partir de los sistemas educativos y los medios de comunicación. La pedagogía para la paz ayudará notablemente en este propósito creando y recreando nuevas técnicas, métodos y metodologías para el aprendizaje de la paz. La violencia y las guerras quedarán atrás, en la prehistoria de la humanidad y serán contados en cuentos y fábulas para niños como una parte muy importante pero desventurada, de la exploración humana por conquistar el cosmos.

El amor y la compasión por toda forma viviente deberán florecer en nuestra interioridad y hacer parte de nuestra vida cotidiana, hasta la recomposición del medio ambiente. Entonces la vida estará pletórica de belleza y felicidad a nuestro paso. El sol brillará todos los días y cada que necesitemos el agua convocaremos la lluvia con oración y meditación.

Este proceso de aprehensión del conocimiento no debe desechar las fuerzas tecnológicas, ni los modernos descubrimientos tecno-científicos altamente provechosos para el desarrollo material de la civilización; más bien debe emplearlos para el beneficio de las mayorías pobres, hasta que estas alcancen los estándares internacionales de desarrollo humano.

Los derechos humanos, los valores éticos y la paz en particular como valor supremo de la humanidad, pueden y deben ser aprendidos en todos los rincones del planeta, mediante métodos y técnicas al alcance de todos y puestos en movimiento en la conciencia de todos los habitantes, tal y como se incluye la alimentación diaria, el vestido, la salud o la vivienda.

¡La paz entonces podrá ser una realidad y el sueño milenario se habrá consumado!

Glosario de términos

Almargia:

Concepto acuñado por los maestros del Surat Shabd Yoga para expresar la fuente inagotable del amor divino o de la energía interior que brota del alma. Esta es la fuerza que los científicos se encuentran explorando en la investigación para la paz.

Concientización:

Concepto empleado en pedagogía para expresar el trabajo de desarrollar procesos en la conciencia humana. Podría significar también ampliación de la conciencia humana. Muy utilizado por Paulo Freire (Brasil) y otros pedagogos cristianos en la aplicación de su pedagogía para la libertad.

Chakra:

En sánscrito significa rueda, es decir remolino de energía. De él hablaron los hindúes, los Egipcios, los Chinos y muchas comunidades indígenas Americanas. Son en esencia canales invisibles de energía. Todos los investigadores se inclinan a observar siete chakras en el cuerpo humano.

Los chakras actúan como vehículos de nuestra conciencia. Así pueden aflorar todas nuestras potencialidades latentes: los sentidos y las percepciones se despiertan; los órganos y las funciones vitales se fortalecen.

Holística:

La concepción holística desarrolla el concepto global integrador sistémico de la naturaleza, el universo y el cosmos como un todo unificado por fuerzas sutiles y contradictorias de las cuales todos somos partes y de ellas nos nutrimos.

Mamos Koguis:

Son los supremos "sacerdotes" o "chamanes". Los hombres más sabios de la tribu en manos de ellos se encuentra el poder de curar enfermedades, de predecir el futuro y el tiempo, de aconsejar a los jóvenes, niños y mujeres. Ellos en últimas son los depositarios de la tradición y de los secretos milenarios.

Método triático:

Donde actúan tres actores. Generalmente los dos que conflictúan y un tercer observador o mediador en manos de quien se encuentra la solución del conflicto.

Sinergia:

Es la suma de voluntades, energías o pensamientos para obtener un resultado armónico y múltiple. En educación se puede caracterizar como la suma de conocimientos parciales sobre un mismo tema que pueden potenciarse hasta generar un nuevo conocimiento. Es un mecanismo creador cuyo efecto inmediato en el pensamiento es lograr la complementariedad a partir de la lucha de contrarios.

Bibliografía

ARANGO, Horacio S. J. Ética para tiempos mejores. Corporación Región. Programa por la paz. Medellín. 1992.

CAPRA, Fritjof. El Tao de la física. Editorial Sirio. Barcelona. 1995.

CAMPBIEL, Don. El efecto Mozart. Barcelona, 1998.

Caja de herramientas del moderador. Ildesfes-Orplafes. Klaus Shubert. Heloisa Nogueira, Flora Marín de Oliveira. Sao Paulo. 1997.

CHÁVEZ, Eduardo. ¿Seré promotor de paz? Fotocopia. 1998

D.T. Zuzuki. Introducción al budismo Zen. Mensajero, Bilbao. 1979.

Educar para la paz. Una propuesta posible. Seminario de educación para la paz. APDH-CIP. Cofas. Madrid. 1991.

El Universo Arhuaco. Autores varios. Colección Prometeo. Medellín. 1997.

FISAS, Vicente. Cultura de gestión y de conflictos. Ediciones UNESCO. 1998. Barcelona.

__________. El 2004 en Colombia. Conflicto y negociación de paz en Colombia. INDEPAZ 2000.

FROM, Erich. Sobre la desobediencia civil y otros ensayos. Ediciones Paidos. Barcelona. 1987.

__________. Tener o ser. Fondo de cultura económica. México. 1987.

GANDHI, Mahatma. El verdadero amor. Editorial. Lumen. Buenos Aires. 1989.

__________. La no violencia. Lumen. Buenos Aires. 1989

GALTUNG, Johan. Conflict transformation by peaceful means. ONU-1997-.

__________. Hacia una definición de la investigación para la paz. Unesco 1987.

GUZMÁN, Jairo. Rendón Luis Eduardo. Preludio para una gimnasia de las percepciones. Fotocopia. Medellín. 1998.

INFORMATIVO. 1999. Programa por la paz. Bogotá. 1999.

LEY GENERAL DE EDUCACIÓN. Decretos reglamentarios. Corporación Tercer Milenio. Bogotá. 1.996

LIPOVENSKI, Gilles. La era del vacío. Anagrama. 1986.

MASCARÓ, J. Los Upanishads. Editorial Diana. 1976. México.

MAGENDZO, Abraham. Educación formal y derechos humanos en América Latina. Consejería de derechos humanos de la Presidencia de la República. 1993

MAYNADI, L. J. Libros sagrados de Hermes Trimegisto. Editorial Diana. Mexico 1974.

MINISTERIO DE SALUD. Yolanda Torres, José A Posada, María Cristina Rojas. Estudio Nacional de salud mental y consumo de sustancias sicoactivas. Colombia 1993.

MONAL, Isabel. Las ideas en América Latina. Casa de las Américas. Habana 1985.

ORNSTEIN, Robert. La sicología de la conciencia. EDAF. 1993. Madrid

RAYAN, C. La mente humana. Ediciones Orbis. 1985. Barcelona.

RENDÓN, Alvaro. Lucy Rivera. Escuela valores y derechos humanos. Servigrafic ltda. FECODE. Bogotá 1998.

__________. Metodología del autoaprendizaje. ICEM. Delfín publicidad. Bogotá 1999.

__________. Olga Lucía Zuluaga. Paz tolerancia y derechos humanos. Enlace gráfico. Fescol. Bogotá. 1996.

RESTREPO, Luis Carlos. El derecho a la ternura. Arango editores. Bogotá. 1994.

__________. Proyecto para un arca en medio de un diluvio de plomo. Arango Editores. Bogotá. 1997.

RODRÍGUEZ, Martín. Educar para la paz y la racionalidad comunicativa. Universidad de Granada. 1994. España.

__________. El viejo Topo. No 104. "Educar para la paz y no para la guerra". Madrid. Febrero de 1996.

SAN KIRPAL, Singh. Autointrospección y meditación. Universidad Garcilazo de la Vega. Lima. 1989

SANT RAJINDER, Singh. Educación para un mundo en paz. Bogotá 1993.

__________. Exploración de la paz interna. Publicaciones Sawan Kirpal. Bogotá 1996.

__________. El poder sanador de la meditación. Publicaciones Sawan Kirpal. 1998. Medellín.

__________. Las maravillas del espacio interno. Publicaciones Sawan Kirpal. Bogotá 1996.

SEGAL, Jeanne. Su inteligencia emocional. Editorial Grijalbo. Barcelona 1997.

SOLLENBERG, Margareta. Wallenstein Peter. "Armed conflicts, Conflict termination and peace agreements 1986-96. Journal of peace research. Vol. 34 No. 3, 1997. Upsala.

SUZUKI, D.T. Introducción al Budismo Zen. Mensajero Bilbao. 1979.

TUVILLA RAYO, José. Derechos humanos. Propuesta de educación para la paz. Junta de Andalucía.

UNICEF. Juego y desarrollo infantil. Bogotá 1998.

WILBER, Ken. Los tres ojos del conocimiento. Editorial kairos. Barcelona 1990.

UNESCO. Centro de Cataluña. La contribución de las religiones a la cultura de paz. Cataluña. 1995.

__________. La paz en la mente de los hombres. Fotocopia. Sevilla. 1988.

VIGOTSKY, L. S. Aprendizaje y desarrollo intelectual en la edad escolar. 1984.

El Autor

Álvaro Rendón Merino

Es pedagogo, investigador social y consultor. Se ha desempeñado como docente universitario y educador en espacios formales y no formales durante los últimos veinte años. Ha sido consultor y asesor de la Organización Internacional del Trabajo –OIT, del Servicio Universitario Mundial –SUM, de la Fundación Friedrich Ebert de Colombia– FESCOL, de la Central Unitaria de Trabajadores CUT, de la Federación Colombiana de Educadores –FECODE–, de la Consejería de Derechos Humanos de la Presidencia de la República, del Ministerio del Trabajo y Seguridad Social y del Ministerio de Educación de Colombia entre otras, tiempo durante el cual ha combinado la docencia con la investigación aplicada a campos específicos de los movimientos sociales como los derechos humanos y los valores éticos, actuando sobre diferentes culturas y grupos humanos vulnerables, a las cuales ha compartido su conocimiento y aprendido de ellos. Publicaciones: *Retos y desafíos del sindicalismo a finales del siglo, Paz, tolerancia y derechos humanos, Escuela Valores y derechos Humanos y Metodología del autoaprendizaje.*

DOCUMENTOS EMPRESARIALES.
Cómo elaborarlos.
Héctor Pérez Grajales

ECOLOGÍA Y DESARROLLO HUMANO
Un enfoque pedagógico ambiental
José Gildardo Ríos Duque

EDUCACIÓN PARTICIPATIVA
El método del trabajo en grupos
Kenneth Delgado Santa-Gadea

EDUCACIÓN EN TECNOLOGÍA
Un reto y una exigencia social
Ángel Alonso Soto S.

EDUCACIÓN PREESCOLAR
Historia, legislación, currículo
y realidad socioeconómica
Hugo Cerda Gutiérrez

EL APRENDIZAJE DE LA PAZ
Métodos y técnicas para su construcción
desde procesos pedagógicos
Álvaro Rendón Merino

EL CANTO Y SUS "SECRETOS"
Ramón Calzadilla Núñez

EL JUEGO. PROCESOS DE DESARROLLO Y
SOCIALIZACIÓN
Contribución de la Psicología
Rosa Mercedes Reyes N.

EL MAESTRO PROTAGONISTA DEL
CAMBIO EDUCATIVO
Antonio Luis Cárdenas Colmenter, Abel
Rodríguez, Rosa María Torres

El MANUAL DEL DOCENTE
Estrategias e ideas creativas que le
facilitarán la labor educativa.
Ana Isabel Echeverri

EL MANUAL DE CONVIVENCIA
Elementos para su elaboración
Francisco Valencia

EL TALLER EDUCATIVO
Qué es, fundamentos,
cómo organizarlo y dirigirlo,
cómo evaluarlo.
Arnobio Maya Betancourt

ESTÁNDARES DE CALIDAD PARA
PRUEBAS OBJETIVAS
Agustín Tristán López
Rafael Vidal Uribe

ESTÁNDARES EDUCATIVOS,
EVALUACIÓN Y CALIDAD DE LA
EDUCACIÓN
–Compilación–

FAMILIA Y VALORES
–MÓDULO 1–
Escuela de padres
Construyendo lo nuestro
Mariela del C. Suárez Higuera o.p.

FAMILIA Y VALORES
–MÓDULO 2–
Escuela de padres
Un proyecto de vida común
Mariela del C. Suárez Higuera o.p.

FAMILIA Y VALORES
–MÓDULO 3–
Escuela de padres
La hora del encuentro
Mariela del C. Suárez Higuera o.p.

FAMILIA Y VALORES
–MÓDULO 4–
Escuela de padres
Papitos, podemos preguntar
Mariela del C. Suárez Higuera o.p.

FIESTA Y NACIÓN EN COLOMBIA
Autor-compilador:
Marcos González Pérez

FIESTA Y REGIÓN EN COLOMBIA
Autor-compilador:
Marcos González Pérez

GESTIÓN DE PROYECTOS EDUCATIVOS.
Luis Facundo Maldonado
Diana Maldonado

HOMBRES Y MUJERES
EN LAS LETRAS COLOMBIANAS
Héctor Ardila - Inés Vizcaíno G.

INTEGRACIÓN ESCOLAR PARA
POBLACIÓN CON NECESIDADES
ESPECIALES
Jorge Iván Correa Alzate

INTELIGENCIAS MÚLTIPLES EN LA
EDUCACIÓN DE LA PERSONA
Elena María Ortíz

INVESTIGACIÓN INTERDISCIPLINARIA
Urdimbres y tramas
Compiladores:
Marcos González Pérez
José Eduardo Rueda

JÓVENES CONSTRUYENDO SU
PROYECTO DE VIDA
Inés Pardo Barrios

JUEGO MUSICAL Y APRENDIZAJE
Estimula el desarrollo
y la creatividad
Alix Zorrillo Pallavicino

LA CREATIVIDAD EN LA CIENCIA Y
EN LA EDUCACIÓN
Hugo Cerda Gutiérrez

LA ENSEÑANZA DE LA LECTURA Y LA
ESCRITURA EN COLOMBIA.
Una mirada desde la práctica pedagógica.
Cecilia Rincón Berdugo

LA PREGUNTA EN LA VIDA DE LOS NIÑOS.
Un aporte al desarrollo de la competencia
comunicativa. Campo Elías Burgos y
Mercedes Delgadillo

LA SOLUCIÓN DE CONFLICTOS
EN LA ESCUELA
Una guía práctica para maestros
Salm Randall

LA TERTULIA FAMILIAR
Elemento de comunicación e
integración entre sus miembros
- Talleres para padres-
Blanca Isabel Triana de Riveros,
María Victoria Salcedo de S.

LAS CIENCIAS SOCIALES A
TRAVÉS DEL CINE
Wilson Acosta

LAS COMPETENCIAS
ARGUMENTATIVAS
La visión desde la educación
Juñián De Zubiría Samper

LENGUAJES VERBALES Y NO
VERBALES.
Héctor Pérez Grajales

LINEAMIENTOS GENERALES PARA
ORIENTADORES Y FORMADORES EN
EDUCACIÓN AMBIENTAL
Un aporte a la necesidad de educar
ambientalmente
Nohora Inés Pedraza Niño
Amanda Mediba Bocanegra

LOS MEDIOS AUDIOVISUALES
EN EN EL AULA
Víctor Miguel Niño Rojas
Héctor Pérez Grajales

LOS MODELOS PEDAGÓGICOS
Hacia una pedagogía dialogante
Julián De Zubiría Samper

LUDOTERAPIAS
Terapias alternativas desde la
Neuropedagogía y la lúdica para trastornos
del comportamiento, del desarrollo y del
aprendizaje.
Carlos Alberto Jiménez V.

MAPAS CONCEPTUALES, MAPAS
MENTALES Y OTRAS FORMAS DE
REPRESENTACIÓN DEL CONOCIMIENTO
Agustín Campos Arenas

MANUAL PARA LA FORMACIÓN
DE INVESTIGADORES
Mauricio Castilo Sánchez

MEDIO AMBIENTE Y FORMACIÓN DE
PROFESORES.
Heloísa Dupas Penteado

METODOLOGÍA DEL TRABAJO CIENTÍFICO.
Antonio Joaquím Severino

MODELO DIALOGAL
Propuesta pedagógica en Ciencias Sociales
Miguel Ángel Pérez Ordóñez

NEUROPEDAGOGÍA, LÚDICA Y
COMPETENCIAS.
Carlos Alberto Jiménez

NUEVAS TENDENCIAS DE LA
COMPOSICIÓN ESCRITA
Héctor Pérez Grajales

ORIENTACIONES PEDAGÓGICAS
CONTEMPORÁNEAS
Orlando Valera Alfonso

PALABRARIO
Talleres para la producción de textos escritos
Hugo Niño

PEDAGOGÍA DE LA ESCRITURA CREADORA
Mininicuento, diario,
imagen poética, haikú
Javier Jaramillo Franco
Esperanza Manjarrés

PEDAGOGÍA DE LA
PARTICIPACIÓN CIUDADANA
El derecho a elegir y ser elegido.
Nelson A. Romero R. (Q.E.P.D.)

PENSAMIENTO CRÍTICO
Técnicas para su desarrollo
Agustín Campos Arenas

PENSAMIENTO LATERAL Y
APRENDIZAJES
Mapa cognitivo para comprender y proceder
con éxito en el estudio, la familia, el trabajo y
la vida cotidiana
Julio César Arboleda Aparicio

PROCESOS CREATIVOS PARA LA
CONSTRUCCIÓN DE TEXTOS
Interpretación y composición
Matilde Frías Navarro

PROYECTOS AMBIENTALES ESCOLARES
Estrategia para la formación ambiental
Isaías Tobasura Acuña
Luz Elena Sepúlveda G.

PRODUCCIÓN DE TEXTOS EDUCATIVOS
María Consuelo Restrepo Mesa

PSICOPEDAGOGÍA PARA UNA
ECOLOGÍA DE LA MENTE
Gonzalo Arcila Ramírez

PSICOLOGÍA SOCIAL
Y NUEVO LÍDER
Guillermo Rojas Trujillo

RENDIMIENTO ACADÉMICO
Técnicas para estudiar mejor
Elizabeth Borda A., Beatriz Pinzón

SILVERIO Y EL TITIRITERO
Educación sexual dialogada
Juan Adrián Karca

TEORÍA Y PRÁCTICA DE
UN TALLER DE POESÍA
La experiencia de La Fragua
Rubén Darío Sierra Montoya

TEORÍAS CONTEMPORÁNEAS DE LA
INTELIGENCIA Y LA EXCEPCIONALIDAD.
Julián de Zubiría